KB042971

자본주의와 부의 메커니즘이 한눈에 밝혀진다!

마르크스 자본론

시라이 사토시 감수 | 서희경 옮김

시작하며

『자본론』을 알면
상식이 180도 바뀝니다

고등학교나 대학교를 졸업한 후, 회사에 입사하여 월급 받고 일하는 것을 대부분은 당연하게 여깁니다. 또한 회사를 위해 연장근로를 마다하지 않고 몸을 불사르며 일하는 사람도 적지 않습니다. 여기서 잠깐, 궁금한 점이 있습니다. 자신이 창업한 회사라면 모를까, 굳이 그렇게까지 회사에 의리를 지킬 필요가 있을까요?

지금으로부터 약 150년 전, 세상을 향해 '노동자가 몸 바쳐 일하는 것이 옳은가?'라는 질문을 던진 이가 있습니다. 바로 이 책에서 소개하는 마르크스입니다. 독일어로 쓰인 『자본론』은 자본주의 경제의 메커니즘을 상세히 설명했을 뿐만 아니라, 자본주의 사회에서 필연적으로 발생하는 문제점을 날카롭게 지적한 최고의 명저입니다. 19세기부터 20세기에 걸쳐 전 세계적으로 큰 영향력을 미쳤으므로 아마 책 제목 정도는 들어본 이들도 많을 것입니다.

다만,『자본론』원서는 분량이 방대하고 내용도 매우 난해한 편입니다. 그래서 이 책은 원작에 충실하되 일러스트를 풍부하게 사용하고 최대한 이해하기 쉬운 문장으로 정리했습니다.

'노동이란 무엇인가?', '자본주의 사회란 무엇인가?',『자본론』은 당신과 사회에 대해 이야기하고 있습니다. 이 책을 다 읽을 때쯤이면 분명 당신의 내면에서 전과 다른 변화의 울림을 느끼게 될 것입니다.

시라이 사토시

『자본론』을 쓴 마르크스는 어떤 인물인가?

『자본론』, 『공산당 선언』 등 후세에 전해지는 수많은 명저를 남긴 마르크스는 도대체 어떤 사람이었을까?

카를 마르크스

마르크스는 1818년 독일에서 태어났다. 대학 졸업 후 신문사 기자로 활동하며 정부를 향해 거침없는 비판을 이어가다 여러 나라에서 잇따라 추방 명령을 받았다. 그 후 경제학 연구에 몰두하여 현재까지 전 세계에서 필독서로 읽히는 『자본론』을 집필한다.

자본주의 사회는 풍요로운 사회인가?

자본주의를 비판한 마르크스
마르크스는 우리가 자신의 행복만을 위해 일해서는 안 된다고 믿었다. 그는 인류 전체의 이익을 위해 일할 때 인간성이 향상된다고 생각했다. 노동자를 비참한 상황으로 몰아넣은 자본주의 세계는 그에게 비판의 대상이었다.

유물사관唯物史觀(역사적 유물론)
인간에 대해 아무리 이상적인 말로 설명한다 해도, 결국은 먹고 자고 노는 존재이다. 다만 동물과 달리 도구를 만들고 자연스럽게 일을 하며 필요한 것을 스스로 생산하는, 즉 경제 활동에 참여한다. 유물사관은 역사가 생산 조건에 따라 발전한다고 보는 이론이다.

토대인 경제가 변하지 않으면 아무것도 변하지 않는다.

| 정치 |
| 사회 |
| 문화 |

경제

만국의 노동자여, 단결하라!

"만국의 노동자여, 단결하라!"고 외친 마르크스
1848년에 출간된 『공산당 선언』의 마지막 문장, "만국의 노동자여, 단결하라!"는 공산주의를 상징하는 슬로건으로 떠올랐고, '사회의 역사=투쟁 계급의 역사'로서 모든 노동운동의 주춧돌이 되었다. 마르크스는 노동자의 편에 서 있었다.

엥겔스와의 깊은 우정
엥겔스는 마르크스가 신문사 기자로 일하던 시기에 만난 친구이다. 그 역시 자본주의 사회에 대한 비판적 견해를 가지고 있었다. 엥겔스가 없었다면 『자본론』은 완성되지 못했을 것이다.

엥겔스 없이는 자본론을 논할 수 없다.

지금, 다시 주목받는 마르크스 『자본론』

최근 자본주의가 위기에 처하면서 근본적인 문제 해결이 중요한 과제로 떠올랐고,
『자본론』이 다시금 주목받고 있다.

A사

B사

C사

흡수·합병

중소기업 도태론
마르크스는 자본주의 사회에서 자본가들
간의 경쟁으로 흡수와 합병이 반복될 것이
라고 예견했다. 생존 경쟁이 치열한 자본주
의 사회에서는 기업 도태론이 자주 화제에
오르곤 한다.

자본은 점점 더 커지고,
자본가들은 도태된다.

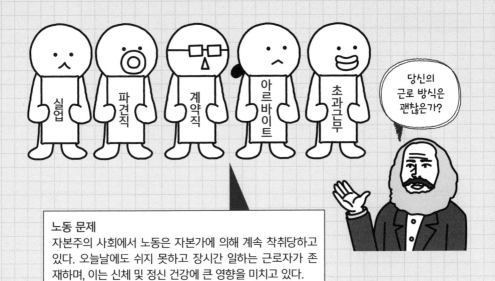

노동 문제
자본주의 사회에서 노동은 자본가에 의해 계속 착취당하고 있다. 오늘날에도 쉬지 못하고 장시간 일하는 근로자가 존재하며, 이는 신체 및 정신 건강에 큰 영향을 미치고 있다.

환경 파괴
자본주의 사회는 노동자뿐만 아니라 자연환경과 사회도 착취한다. 자본주의 사회에 의한 환경 파괴 문제가 전 세계적으로 심각한 수준에 이르면서 다양한 개선 방안이 논의되고 있다.

이 책에서 다룰 『자본론』은 어떤 내용인가?

이 책은 마르크스 『자본론』을 8가지 Chapter로 나눠서 소개한다. 핵심 내용을 짚어보자.

Chapter 1

상품과 노동
마르크스는 상품과 노동으로 성립된 자본주의 사회를 깊이 있게 고찰한다.

Chapter 2

화폐
상품과의 교환을 위한 화폐의 기원에 대해 알아보고 자본주의 사회의 근원을 탐구한다.

Chapter 3

자본
화폐의 탄생과 더불어 규모가 커진 자본이란 도대체 무엇일까? 증식하는 자본에 대해 밝힌다.

Chapter 4

착취
가치 창출을 위해 노동을 강요받는 노동자는 그 자체로도 상품화하여 착취의 대상이 되었다.

Chapter 5

사회
자본가는 노동자뿐만 아니라 사회 전체를 가치 창출의 재료로 사용한다.

Chapter 6

기술의 진보
기계의 등장으로 상품 생산의 효율성이 비약적으로 발전했다. 자본주의 사회에서는 기술 진보가 강제된다.

Chapter 7

자본주의의 구조
노동자뿐만 아니라 지구 전체에 걸쳐 증식하고 있는 자본주의 사회를 파헤친다.

Chapter 8

자본주의의 미래
자본주의 사회가 전 세계적으로 확산하다 한계점을 넘어서는 순간, 혁명이 일어날 것이라고 마르크스는 예견한다.

빠르게 독파하고 확실히 각인하는
비주얼 노트!

자본주의와 부의 메커니즘이
한눈에 밝혀진다!

마르크스 자본론

Contents

Chapter 1
자본주의 사회는
상품과 노동으로
넘쳐난다

Chapter 2
화폐는 상품에서
탄생했다

Chapter 3
자본은 증식을
멈출 수 없다

Chapter 4
자본은 노동자를
어떻게 착취하는가

Chapter 5
자본은 사회 전체와 자연도 착취한다

Chapter 6
기술 진보와 자본주의

Chapter 7
자본주의 사회의 불합리한 구조

Column

Column

Chapter 8
자본주의의 미래는
혁명이다

Chapter 1

Capital:
A Critique of
Political Economy

자본주의 사회는
상품과 노동으로 넘쳐난다

마르크스가 『자본론』에서 이야기하는 자본주의 사회란 도대체 무엇인가? 또한 상품은 어떻게 가치를 지니게 되는 것일까? 이 장에서는 『자본론』의 출발점이라고 할 수 있는 자본주의 사회의 '상품'과 '노동'에 대해 자세히 설명한다.

01 자본주의 경제의 해명은 상품을 아는 것에서 시작한다

마르크스는 인간의 생명 현상을 밝히기 위해 세포를 들여다보는 것과 마찬가지로, 자본주의 사회를 해명하려면 먼저 상품을 알아야 한다고 주장했다.

마르크스는 세상에 넘쳐나는 수많은 상품을 자본주의 경제의 주요 구성 요소로 보았다. 자본주의 경제에서는 모든 부가 상품화된다. 이것이 『자본론』의 출발점이다. 상품은 단순히 인간의 욕망을 충족시키는 것을 넘어서 자본주의 사회 특유의 기능을 지닌다고 마르크스는 정의했다. 그는 상품을 분석하는 것이 자본주의 사회를 이해하는 첫걸음이라고 주장한다.

인간을 분석하듯 상품을 분석하라

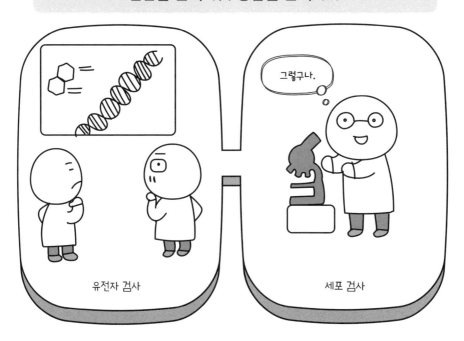

인간에 관해 밝히기 위해 유전자와 세포를 연구하는 것처럼,
마르크스는 자본주의 사회를 해명하고자 했다.

마르크스의 주장에 따르면, 자본주의 사회의 근간을 이루고 있는 것은 상품이다. 『자본론』에는 '노동생산물의 상품 형태 또는 상품의 가치 형태가 경제적 세포 형태이다.'라는 문장이 있다. 인간을 이해하기 위해서는 가시적이고 표면적인 특성뿐만 아니라 세포 수준에서의 연구가 필요하다. 이와 마찬가지로 자본주의 사회를 이해하기 위해서는 세포에 해당하는 상품을 세밀하게 분석하고 조사해야 한다.

자본주의 사회의 토대는 상품

상품을 통해 자본주의 사회를 탐구한다.

상품은 자본주의 사회의 세포에 해당한다.

02

자본주의 사회의 부는 상품의 집합체이다

가격은 무언가를 원하는 사람들의 욕구를 충족시킴으로써 정해지며, 자본주의 사회를 구성하는 상품의 위치를 결정짓는 요소이다.

자본가는 돈을 벌기 위해 공장을 짓고 노동자를 고용하여 상품을 생산하고 판매한다. 그리고 증식한 돈을 더 많이 투자하여 사업을 확장한다. 마르크스는 이런 방식으로 경제가 발전하는 사회를 자본제 생산양식이 군림하는 사회(자본주의 사회)라고 정의했다. 그리고 모든 것이 상품으로 취급되는 사회에서 부는 '거대한 상품의 집합체'로 여겨진다고 말했다.

자본주의 사회의 구조

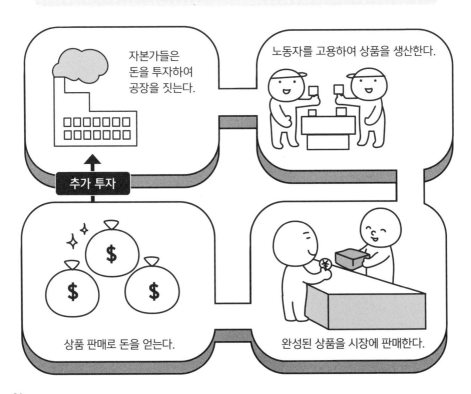

마르크스는 상품을 '우리의 외부에 있는 하나의 대상이며, 그 속성들에 의해 인간의 온갖 욕망을 충족 시켜주는 물건'으로 정의했다. 예를 들어, 음식은 맛있는 것을 먹고 싶은 욕구를 충족시킨다. 이 음식에 가격을 매기면 그것이 상품이 된다. 만화, 영화, 게임, 소설 등도 마찬가지이다. 마르크스는 이러한 각각의 상품이 거대한 상품 집합체인 부를 구성하는 '부의 기본 형태'라고 말한다.

상품은 인간의 욕구를 충족시키는 것이다

자본주의 사회는 분업에 기초한다

자본주의 사회는 다양한 노동의 조합인 분업으로 이루어져 있다.

상품을 만들어 내려면 다양한 노동의 조합이 필요하다. 그리고 사회 자체는 인간노동의 조합으로 이루어져 있다. 마르크스는 이를 '사회적 분업'이라고 표현했다. 그는 분업이 상품 생산의 존립 조건이라고 명시했는데, 그 이유는 다양한 사용가치들(또는 상품체들)의 총체는 다양한 유용노동들의 총체, 즉 사회적 분업을 반영하기 때문이다.

상품은 노동의 조합에 의해 만들어진다

수많은 일이 사람들의 협력으로 이루어지고 있으며, 그 일들이 결합하여 상품을 생산하고 사회에 부가 축적된다. 우리가 먹는 모든 것을 직접 만들지는 않으며, 우리가 입는 옷을 최초 소재부터 만드는 사람은 거의 없다. 생산의 전 과정을 여러 부문으로 나누어 일을 완성하는 분업이 존재하기 때문에 세상이 돌아간다는 것이 마르크스의 견해이다.

04 사용가치와 교환가치라는 두 가지 가치 ①

상품은 사람의 욕구를 만족시키는 유용성(사용가치)과 상품을 교환할 때의 비율(교환가치)을 가지고 있다.

빵이나 라면 같은 음식은 사람들의 식욕을 충족시킨다. 책은 읽고 옷은 입는 것으로 사람들의 욕망을 충족시킨다. 이렇듯 상품은 소비를 통해 욕망을 충족시키는 유용성을 갖는다. 이를 사용가치라고 한다. 또한, 교환가치라는 것도 있다. 사용가치가 있는 상품을 교환할 때 실현되는 가치, 즉 그 가치의 양을 말한다.

사용가치란?

이거 먹고 싶다.

유용성 있음
=
사용가치 있음

유용성 없음
=
사용가치 없음

사람들의 욕망을 충족시키는 유용성이 있는 것을 사용가치라고 한다.

예를 들어, 귤과 농구공은 각각 사용가치를 가지고 있고 교환이 가능하다. 그러나 사용가치가 전혀 다르기 때문에 이 둘을 비교하는 것은 불가능하다. 교환이 성립하려면 비교할 수 있는 것, 즉 교환가치를 기준으로 삼아야 한다. 이때 'A를 X개 = B를 Y개'의 형태로 교환가치의 양을 비교하면 모든 상품을 동등하게 연결할 수 있다. 상품은 이 두 가지 가치(사용가치, 교환가치)를 가지고 있기 때문에 마르크스는 상품의 이중성을 고찰했다.

교환가치란?

상품이 교환될 때 실현되는 가치, 가치의 양이 교환가치이다.

05

사용가치와 교환가치라는
두 가지 가치 ②

마르크스는 상품은 비교 대상이 없으면 그 자체의 가치가 성립할 수 없다고
생각했다.

마르크스는 "노동은 추상적 인간노동이라는 속성을 통해 상품가치를 형성
한다."라고 말했다. 즉, 상품은 다른 상품을 비교 대상으로 삼아야만 자신
의 가치를 보여줄 수 있다. 상품은 사회적 가치의 결정체지만, 상품에 가치
를 내재하고 있음을 증명하기 위해서는 다른 상품의 가치와 비교하고 교
환해야 한다.

상품은 자신의 가치를 표현할 수 없다

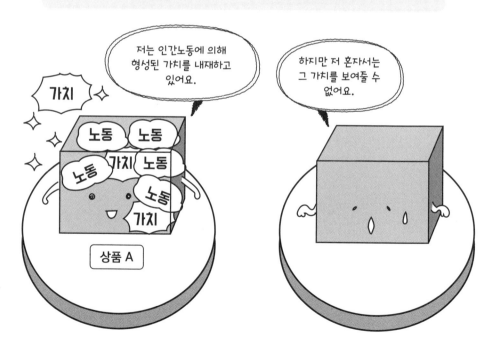

상품은 인간노동에 의해 형성된 가치를 스스로 보여줄 수 없다.

마르크스는 다양한 상품에 공통으로 존재하는 사회적 가치의 실체를 인간 노동의 생산물로 설명했다. 사회적 가치는 상품이 실제로 판매(교환)되지 않으면 실현될 수 없다. 즉, 상품은 노동이 투입되었기 때문에 가치가 있어야 하지만, 교환되지 않으면 실제로는 가치가 형성되지 않는다. 그러나 그 교환을 가능하게 하는(상품의 가치량을 비교 가능하게 하는) 것은 바로 노동이다. 교환가치에는 이러한 역설이 내포되어 있다.

상품은 교환을 통해 가치를 표현한다

그래서 상품은 교환된다

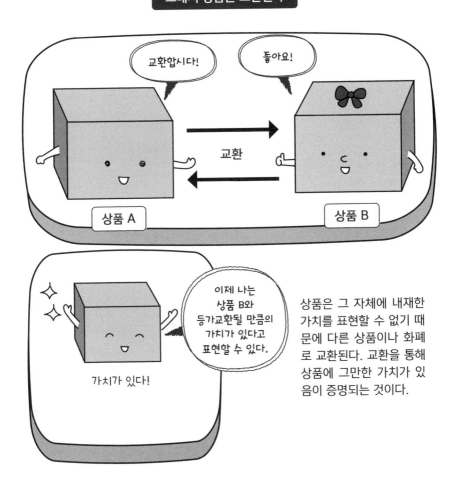

상품은 그 자체에 내재한 가치를 표현할 수 없기 때문에 다른 상품이나 화폐로 교환된다. 교환을 통해 상품에 그만한 가치가 있음이 증명되는 것이다.

06 상품의 가치는 소비된 노동의 양에 의해 결정된다

유용성을 가진 상품을 생산하기 위해서는 인간의 노동이 필요하다. 다시 말해 상품의 가치는 인간의 노동에 의해 결정된다.

알기 쉽게, 농업을 예로 들어 보자. 먼저 흙이 있는 장소를 인간이 경작하면 밭이 만들어진다. 이 밭에 씨앗을 심고 여러 작업을 거쳐 성장시킨 작물이 적절하게 자라면 수확한 후, 여러 공정을 거쳐 시장에 공급한다. 이렇듯 판매되는 상품이 상품으로서의 가치를 갖추게 된 것은 인간의 노동이 투입되었기 때문이다.

노동이 가치를 창출한다

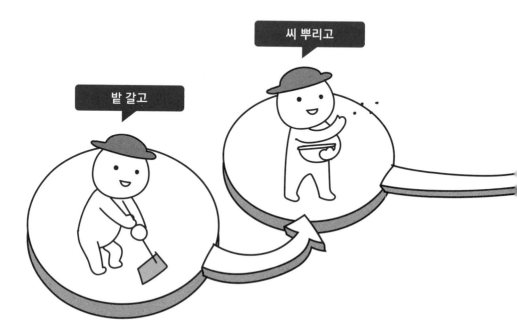

인간의 노동이 투입되었기 때문에 상품이 생성되며 그 안에 사용가치가 부여된다. 다시 말해, 상품의 가치는 그 안에 내포된 인간의 노동에 의해 결정된다. 노동이 가치를 형성한다는 이론을 경제학에서는 '노동가치설'이라고 하는데, 마르크스가 이 이론을 완성했다. 예를 들어, 두 개의 상품 A와 B가 있고 A가 B보다 몇 배 더 가치가 있는 경우, 이 차이는 투입된 인간의 노동량에 의해 결정된다고 볼 수 있다.

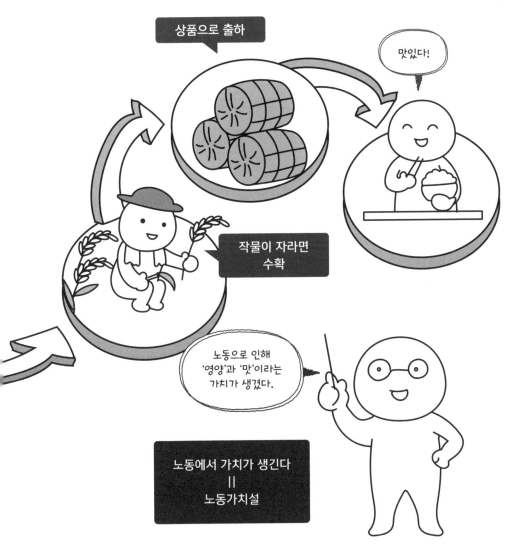

07 노동에도 이중성이 있다

사용가치를 창출하는 구체적 유용노동, 교환가치를 창출하는 추상적 인간노동.
이 둘을 가리켜 '노동의 이중성'이라고 한다.

마르크스는 사용가치와 교환가치가 존재할 때만 상품이 형성된다고 생각
했다. 상품을 생산하는 노동 역시, 사용가치를 창출하는 구체적 유용노동
과 교환가치를 창출하는 추상적 인간노동이라는 이중성을 갖는다. 구체적
유용노동은 무언가를 제작하거나 서비스를 제공하는 등 유용성을 창출하
는 형태의 노동을 말한다.

사용가치와 교환가치에 대응하는 노동의 이중성

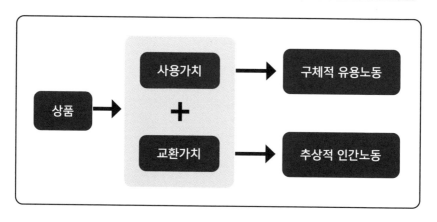

직접 만들고

직접 사용한다

사용가치가 있고,
교환가치가 없는 것은

↓

상품이 아니다.

모든 구체적 유용노동에는 공통점이 있다. 어떤 종류의 구체적 유용노동이든 인간이 뇌와 근육을 사용하여 일한다는 점은 다르지 않다. 마르크스는 이 공통점을 추상적 인간노동으로 정의하고, 이 두 가지 속성을 '노동의 이중성'이라고 명명했다. 예를 들어, 책과 케이크는 사용가치가 다르지만 교환이 가능하다. 그 이유는 둘을 잇는 공통 요소가 있기 때문인데, 바로 추상적 인간노동이다.

노동의 이중성

구체적 유용노동

튼튼하고 편리한 가구를 만드는 것과 같은 구체적 노동. 사용가치를 창출한다.

초밥 만들기   가구 만들기   웨이터로 일하기

추상적 인간노동

모든 구체적 유용노동에 공통되는 노동의 추상적 측면. 교환가치를 창출한다.

신체를 사용한다.   두뇌를 사용한다.

08 노동가치는 사회 전체의 평균이라는 관점에서 볼 필요가 있다

상품의 가치 크기를 결정하는 것은 노동가치이다. 다만 개별 노동가치가 아닌 평균 노동가치로 파악할 필요가 있다.

상품을 만드는 데 필요한 노동량은 만드는 상품에 따라 다르다. 예를 들어, 자전거 조립과 자동차 제조는 노동시간도 다르고 필요한 인력도 다르다. 투입되는 노동량이 상품의 가치를 결정한다면, 자동차가 자전거보다 훨씬 더 비싼 상품이 되는 것은 당연하다. 상품 가치의 크기는 투입된 노동가치에 비례하여 결정된다고 할 수 있다.

투입된 노동의 가치가 상품의 가치를 결정한다

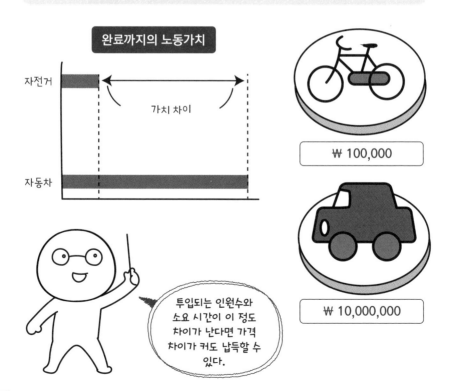

완료까지의 노동가치

자전거

가치 차이

자동차

₩ 100,000

₩ 10,000,000

투입되는 인원수와 소요 시간이 이 정도 차이가 난다면 가격 차이가 커도 납득할 수 있다.

32

여기서 한 가지 의문이 생긴다. 케이크 제작을 예로 들면, 숙련된 장인과 미숙한 수습생은 생산성에 큰 차이가 있다. 노동의 가치가 상품의 가치를 결정한다면 시간이 오래 걸리는 수습생의 케이크가 더 비쌀 수밖에 없다. 따라서 마르크스는 개별 노동가치가 아닌, 사회 전체의 '평균 노동가치'가 상품의 가치를 결정한다고 생각했다.

숙련도보다 노동시간이 중요한가?

숙련된 제빵사

미숙한 수습생

이 정도는 20분이면 충분하다.

경험이 적어서 1시간 이상 걸렸다.

노동량만 놓고 보면 수습생의 가치가 더 높다!

노동가치는 개별이 아닌 전체로 보아야 한다.

평균적인 노동가치

09 타인에게 유용해야 상품이 될 수 있다

본인에게만 유용한 것은 상품이 아니다. 타인에게 사용가치가 있어야 상품이 될 수 있다.

마르크스에 따르면, 노동의 산물이고 유용하다고 반드시 상품이 되는 것은 아니다. 대표적인 예로 자급자족이 있다. 『자본론』에서 그는 소설 『로빈슨 크루소』를 예로 들며, 조난된 로빈슨이 무인도에서 만든 생산물은 모두 개인적인 사용을 위한 것임을 지적했다. 자급자족하는 사람도 사용가치를 창출할 수는 있지만, 이는 상품을 만드는 것과는 다르다.

사용가치가 있지만 상품은 아닌 것은?

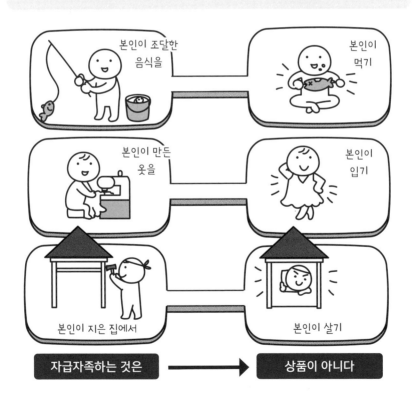

상품을 생산하려면 자신을 위한 사용가치뿐만 아니라 타인을 위한 사용가치를 생산해야 한다는 것이 마르크스의 주장이다. 다시 말해, 다른 사람들이 원하고 교환하고 싶어 해야 사회적 사용가치가 생긴다. 이것이 바로 상품이 되는 조건이다. 사회적 사용가치가 있고 타인이 구매하는 상품을 만들어야 자본주의 사회에서 살아남을 수 있다.

사회적 사용가치란?

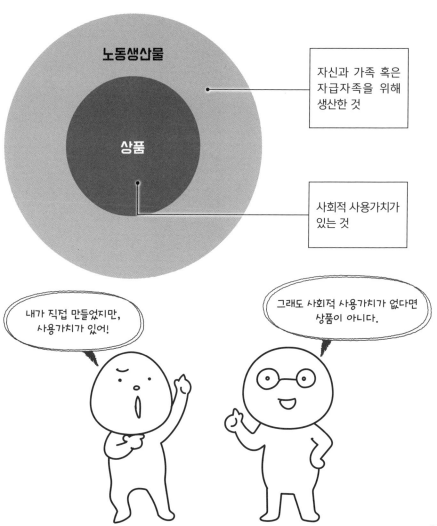

노동생산물

상품

자신과 가족 혹은 자급자족을 위해 생산한 것

사회적 사용가치가 있는 것

내가 직접 만들었지만, 사용가치가 있어!

그래도 사회적 사용가치가 없다면 상품이 아니다.

10 노동력도 상품이다

상품 생산에 투입되는 노동력 역시 노동 시장에서 매매되므로 상품이라고 할 수 있다.

앞서 설명한 대로, 상품은 인간의 욕망을 충족하므로 일종의 유용성을 갖는다. 자본주의 사회에서는 상품을 생산하는 역할도 상품이 담당한다. 임금 노동은 노동자가 자신의 노동력을 자본가에게 상품으로 판매하는 것이다. 즉 자본주의 사회에서는 '상품에 의한 상품의 생산'이 이루어지고 있다.

노동력이라는 상품이 상품을 생산한다

상품은 물건에 국한되지 않는다. 자본주의 사회에서는 노동도 상품이 된다.

노동력 또한 상품으로 간주되며, 이는 가격이 매겨진다는 것을 의미한다. 노동력의 가격은 일반적으로 임금액으로 나타나며, 노동의 사용가치와 희소성에 따라 높고 낮음이 결정된다. 예를 들어, 우수한 두뇌와 기술을 필요로 하는 노동은 사용가치와 희소성이 높기 때문에 높은 임금액이 지급된다. 반면에 비숙련노동은 누구나 할 수 있고 사용가치가 낮기 때문에 낮은 임금액이 책정된다.

노동력도 매매되는 상품이다

11 상품은 어디에서 왔을까?

상품 교환은 화폐에 의한 등가교환이다. 구매자와 판매자의 관계는 돈과 상품의 교환에 의해서만 완성되며 인간으로서의 관계는 남지 않는다.

상품을 2,000원에 판매하면 구매자는 2,000원을 지불하고 상품을 얻는다. 이후에는 판매자와 구매자 사이에 어떤 접점도 남지 않는다. 그러나 공동체 세계에서는 부와 노동을 빌려주고 빌리는 것이 자연스럽게 이루어지며, 이를 통해 사람 간의 접점이 생긴다. 자본주의가 발전함에 따라 화폐를 통한 교환의 영역이 확대되는 것은 공동체 세계의 영역이 좁아지고 있음을 시사한다.

상품 교환은 후속 관계로 발전하지 않는다

상품 교환은 인간적 교제가 목적이 아니라 상품을 화폐로 교환하는 것만을 목적으로 한다.

전근대적 공동체에서는 노동력을 빌려주고 빌리는 데 금액이 발생하지 않았다. '도와준다'는 빚은 서로가 서로에게 도움이 되는 상호 관계의 형태로 결국 청산된다. 즉, 공동체 내에서는 상품이 탄생하지 않는다. 상품은 공동체와 공동체 사이에서 탄생한다고 볼 수 있다.

공동체 내에서 대여와 차용은 상호적이다

상품은 공동체 내에서 탄생하지 않는다

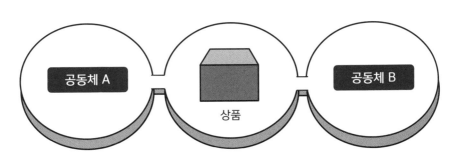

헤겔 철학의 변증법이
마르크스 철학의
중심이 되다

마르크스는 언제나 인간을 관심의 대상으로 삼았다. 실제로 『자본론』에는 세계 고전 문학이 곳곳에 인용되어 있다. 『자본론』의 내용으로 보면 마르크스는 경제학자로 분류될 수 있지만, 사실 철학자로서의 면모도 존재한다.

마르크스는 대학에서 접한 헤겔의 변증법을 계기로 철학적 교양을 습득하게 되었다. 변증법이란 쉽게 말해 A와 B라는 두 개의 모순된 이론에서 새로운 결론을 도출하는 논리를 말한다. 이 변증법은 『자본론』에서도 찾아볼 수 있다. 헤겔은 먼저 이념으로서의 자유가 존재하며, 현실의 역사가 발전함에 따라 자유가 실현된다고 주장했다. 이와 반대로 마르크스는 생산 과정의 발전이 먼저 이루어지고, 그 결과로 이념이 실현된다고 주장했다.

이를 통해 마르크스 철학의 중심에는 헤겔로부터 계승한 변증법이 있음을 알 수 있다. 실제로 어떤 이들은 마르크스를 '경제학자가 된 헤겔'이라고 평가하기도 한다.

☑ KEY WORD
상품의 이중성

마르크스는 상품이 사용가치와 교환가치라는 이중의 가치를 지닌다고 고찰했다. 사용가치는 인간의 욕망을 충족시키는 유용성을 의미하며, 교환가치는 하나의 사용가치가 다른 종류의 사용가치와 교환되는 양적 관계를 나타낸다.

☑ KEY WORD
노동가치설

인간이 상품을 만들기 위해 노동을 했기 때문에 그 상품이 가치를 지니게 된다는 이론이다. 마르크스는 상품의 가치는 상품에 포함된 인간노동의 양에 의해 결정된다고 보았다.

☑ KEY WORD
구체적 유용노동

상품을 생산하는 노동에도 이중성이 존재한다. 구체적 유용노동은 그중 하나로, 무언가를 만들거나 어떤 서비스에 종사하는 등 상품의 유용성을 창출하는 구체적인 형태를 의미한다.

☑ KEY WORD
추상적 인간노동

노동의 이중성 중 하나인 추상적 인간노동은 구체적인 형태의 노동이 아니라, '에너지를 소모하다' 또는 '수고하다'처럼 구체성이 없고 막연한 형태의 노동을 말한다.

Chapter 2

Capital:
A Critique of
Political Economy

화폐는 상품에서
탄생했다

우리가 매일 사용하는
돈의 정체를 밝혀보자.

우리는 흔히 생계를 유지하거나 무언가를 구매하기 위해 돈을 지불한다. 그런데 돈이
라는 개념은 어떻게 생겨났을까? 이 장에서는 화폐의 탄생과 그 역할에 대해 자세하고
쉽게 설명할 것이다.

01 화폐의 시초는 천과 소금이었다

물물교환의 시대에는 모든 상품과 교환할 수 있는 물품이 화폐 역할을 했다.

마르크스는 모든 상품과 동등하게 연결되는 상품이 있으면 그것이 화폐 상품이 된다고 말했다. 예를 들어, '아마포 20필 = 상의 1벌'이라는 관계가 확장되어 아마포 20필의 가치가 다른 상품과 동등하면 아마포는 다른 모든 상품과 교환할 수 있게 된다. 이때의 아마포를 '일반적 등가물'이라고 한다. 즉, 아마포가 '화폐 상품'이 되는 것이다.

모든 상품과 동등하게 교환할 수 있는 화폐 상품

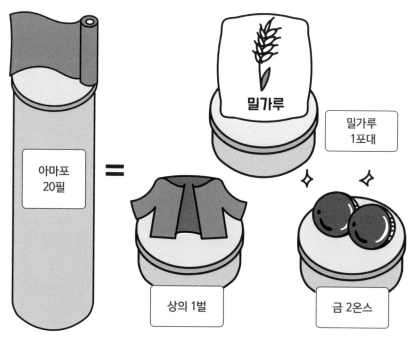

모든 상품으로 교환할 수 있는 상품이 화폐 역할을 한다.

44

화폐가 도입되기 이전에는 소금, 조개껍데기, 쌀 등도 화폐와 같은 기능을 가지고 있었다. 일본에서는 주로 쌀이 교환 수단으로 사용되었다. 당시 사람들이 쌀을 '네(ね)'라고 부른 것에서 팔고 사는 값, 가격을 의미하는 '네(ね, 値)'가 유래했다고 한다. 또한 지폐의 '폐(幣)'는 천을 의미하는 '포(布)'에서 유래하여 쌀과 천이 돈의 대체물, 즉 일반적 등가물이었음을 시사한다.

다양한 상품이 화폐 역할을 했다

02 화폐로서의 우월한 지위를 확립한 것은 금이다

다양한 상품을 동등하게 연결하고 교환하는 과정에서 화폐 역할을 하는 상품은 점차 하나로 좁혀졌다.

천과 소금 이후, 금과 은이 화폐 역할을 하기 시작했다. 마르크스는 '화폐 형태는 일반적 등가물이라는 사회적 기능을 수행하는 데 적합한 상품이다' 라고 정의하고, 크기와 관계없이 질적으로 동일하고 균등하며, 양적으로 표현하기 좋고, 분할과 융합이 용이한 금과 은이 이 범주에 속한다고 말했 다. 전 세계에서 화폐로 사용되어 온 역사를 봐도 마르크스의 말처럼 금과 은의 자연적 속성이 화폐에 적합했다고 볼 수 있다.

화폐로 선택된 것은 귀금속이었다

질적으로 동일하다

양적으로 표현하기 좋다

나누고 합치기 쉽다

화폐의 형태는 일반적 등가물이라는 사회적 기능을 수행하는 데 적합한 상품이다!

금과 은은 역사적으로 처음부터 화폐였던 것은 아니지만, 세 가지 이유로 모든 상품을 동등하게 연결하는 '화폐 상품'에 적합하다고 판단되었다.

금과 은은 어떤 상품과도 동등하게 교환할 수 있는 '우월한 지위'를 획득했다. 마르크스는 "금과 은은 본래 화폐가 아니었지만, 화폐는 본래 금과 은이다."라고 말했다. 이 특이한 표현은 화폐가 상품에서 태어났다는 그의 견해를 보여준다. 이렇게 해서 상품 경제가 시작되었고 자본주의 사회로 이어졌다.

자본주의 사회가 시작되다

화폐 상품인 금이나 은과 같은 귀금속이 교환에 사용되면서
거래가 증가하여 상품 경제가 시작되었다.

03

이 세상은 '상품-화폐-상품'의 반복이다

상품과 화폐의 관계를 보여주는 교환 과정의 공식은 상품이 화폐로 변환되고, 화폐가 상품으로 변환되는 과정을 설명한다.

마르크스는 사람들이 사용가치가 있는 상품을 만들어 돈을 받고 팔면서 필요한 상품을 사는 행위를 반복한다고 분석했다. 그는 상품을 만들고, 팔고, 돈을 벌고, 다른 상품을 사는 흐름을 'W-G-W'라는 공식으로 표현했다. 독일어로 W는 'Ware(상품)', G는 'Geld(돈)'를 의미한다.

상품을 판매하고 돈을 벌다

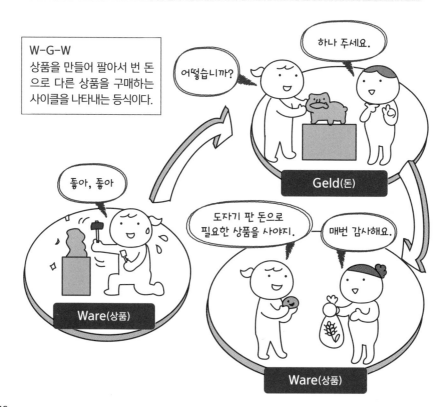

사용가치가 있는 물건을 만드는 이유는 결국 돈을 원하기 때문이다. 만든 상품을 팔면 돈을 벌 수 있고, 원하는 상품을 살 수 있다. 필요한 것을 구매하기 위해 많은 사람이 사회적 분업 속에서 상품을 만들게 되었다. 이런 이유로 마르크스가 묘사한 W-G-W 순환은 사회적으로 확장된다.

W-G-W는 사회 전반에 걸쳐 이루어진다

04 상품의 목숨을 건 비약이란?

상품을 화폐로 교환하려면 구매자가 해당 상품에 사용가치를 느껴야 한다.

상품 값어치의 화폐를 소유하고 있다면 쉽게 상품을 구매할 수 있지만, 반대로 상품을 만들어서 화폐로 교환하는 것, 즉 판매하는 것은 사실 매우 어려운 일이다. 마르크스는 이를 가리켜 '상품의 목숨을 건 비약'이라고 표현했다. 상품과 화폐의 가치는 같을 수 있지만 그 관계는 대등하지 않다.

상품을 파는 것은 어렵다

상품을 팔아 화폐를 얻으려면, 화폐를 주는 사람에게 필요한 사용가치가 있어야 한다. 동일한 상품이 여러 개 있는 경우 구매자는 더 낮은 가격을 원할 것이다. 상품을 화폐로 바꾸기 위해서는 다양한 수단과 방법을 활용해야 한다. 이를 두고 마르크스는 셰익스피어의 희곡 「한여름 밤의 꿈」에 나오는 한 구절을 인용해 "상품은 화폐를 사랑하지만, 참된 사랑의 길은 결코 순탄하지 않다."라고 묘사했다.

상품을 팔고 싶다면 모든 수단과 방법을 동원해야 한다

상품을 화폐로 바꾸기 위해서는 사람들의 수요를 파악하는 것뿐만 아니라, 끊임없이 새로운 방법을 모색해야 한다.

05 화폐의 기능

마르크스는 화폐가 지닌 여러 가지 기능을 상세히 설명했다.

화폐에는 '가치 척도' 기능이 있다. 상품에는 일반적으로 가격이 부여된다. 가격을 책정하는 이유는 상품의 가치를 명확하게 표현하기 위함이다. 많은 사람이 상품의 가격을 보고 구매 여부를 결정하게 된다. 다시 말해, 화폐는 상품의 가치를 표현하는 척도 역할을 한다.

상품의 가치를 측정하는 기능

각 상품에는 가치를 나타내는 가격이 있으므로 구매 여부를 고려할 수 있다. 화폐에 상품의 가치를 표현하는 기능이 있기 때문이다.

'유통 수단'도 화폐의 중요한 역할 중 하나이다. 화폐는 상품을 구매할 때 판매자에게 지불하는 수단으로 작용한다. 이러한 기능 덕분에 상품은 어디에서나 유통될 수 있다. 즉, 상품이 상품으로서의 가치를 실현하는 데에는 화폐가 매우 중요한 역할을 한다. 하지만, 상품이 가치를 갖는 것은 인간의 노동력에 의해서만 가능하다. 결국 화폐는 노동의 가치를 나타내는 매개체이기도 하다.

화폐가 있기에 상품이 세상에 나온다

화폐의 존재가 있기 때문에 지불 수단으로 상품과 교환 할 수 있다.
이러한 순환 때문에 상품이 모든 곳에 유통된다.

사람들은 왜 돈을 원하는가?

돈이 많을수록 원하는 것을 살 수 있고, 할 수 있는 것도 많아진다. 그래서 사람들은 돈을 원한다.

화폐의 또 다른 기능은 '가치 보존'이다. 그래서 화폐가 저축된다. 마르크스는 이를 '화폐퇴장 貨幣退藏'이라고 표현했는데, 화폐를 구매에 사용하지 않고 보관하는 것을 의미한다. 고기와 생선도 화폐라는 형태로 바꾸면 썩거나 부패하지 않고 그 가치를 얼마든지 보존할 수 있다. 그러나 화폐가 보관된다고 해서 그 양이 증가하는 것은 아니기 때문에 화폐퇴장이라고 한 것이다.

화폐는 가치를 보존할 수 있다

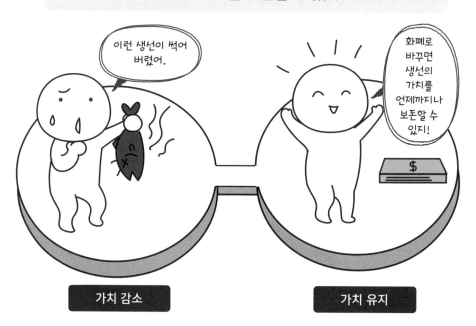

많은 상품이 시간이 지나면 부패하여 가치를 유지할 수 없지만,
화폐는 그 가치를 시간이 지나도 무한정 유지할 수 있다.

이렇게 화폐로 가치를 저장할 수 있기 때문에 대다수가 화폐는 많을수록 좋다고 생각한다. 다시 말해, 상품을 판매하기보다 구매할 수 있는 위치에서 계속 머물고 싶어진다. 더 많은 돈을 원하는 것을 마르크스는 '황금욕'이라고 표현했다. 가치를 보존할 수 있다는 이유로 사람들은 항상 화폐를 탐한다. 마르크스는 이러한 현상으로부터 자본 발생의 원점을 탐구하고자 했다.

사람들은 항상 화폐를 원한다

column

마르크스 인물상

No. ②

청년 마르크스,
자본주의 체제에 대한 의문을 제기하며
노동 방식을 설파하다

1830년, 12세의 나이로 프리드리히 빌헬름 김나지움 Friedrich Wilhelm Gymnasium (유럽의 중등교육기관)에 입학한 마르크스는 이 학교를 졸업하면서 「직업 선택에 관한 한 청년의 고찰」이 라는 제목의 논문을 썼다. 이 논문에서 마르크스는 인간은 타인의 행복과 세계 전체를 위해 일할 때 비로소 자신을 완성할 수 있다고 주장했다. 『자본론』에서도 볼 수 있는 마 르크스의 정의감은 이때 이미 형성되어 있었음을 보여준다. 당시 자본주의 사회는 노동자가 자본가에 의해 착취당하 는 참혹한 상황이었다. 마르크스는 이러한 현실에 의구심 을 가지고 만인의 행복 추구와 노동의 중요성을 강조하는 논문을 쓰게 되었다. 그는 경제학자들이 자본가 관점에서 더 많은 가치 창출을 위한 분석에만 몰두하고, 노동자가 착취당하는 현실을 외면한 채 사회에 호소조차 하지 않는 행태를 경멸했다.

용어해설

☑KEY WORD

일반적 등가물

쌀, 밀 등 모든 상품에 동등하게 연결될 수 있는 화폐 상품을 말한다. 대다수의 상품이 교환을 원하므로 상품 중에서도 특별한 지위를 갖게 된다.

☑KEY WORD

W-G-W

독일어로 W는 'Ware(상품)', G는 'Geld(돈)'을 의미한다. 마르크스는 이 단어의 머리글자를 사용하여 상품이 판매되고, 돈이 획득되며, 다른 상품이 구매되는 상품 유통의 흐름을 설명했다.

☑KEY WORD

상품의 목숨을 건 비약

상품을 교환하기에 충분한 화폐가 있다면 누구나 쉽게 상품을 구매할 수 있다. 반면, 만든 상품을 판매하여 화폐로 교환하기는 어렵다는 것을 표현한 말이다.

☑KEY WORD

화폐퇴장

화폐가 유통되지 않고 쉬는 상태를 말한다. 화폐는 저장할 수 있지만 양이 증가하지 않기 때문에 사용하지 않고 보관하는 것을 '퇴장'이라고 표현했다.

Chapter

3

Capital:
A Critique of
Political Economy

자본은 증식을
멈출 수 없다

화폐의 탄생은 자본주의 사회가 성립하기 위한 전제조건이었다. 자본가들이 부를 더 많이 늘리려고 노력함에 따라 자본은 무궁무진하게 팽창했다. 이 장에서는 마르크스의 사상에 기초하여 증식을 멈출 수 없는 자본에 관해 설명한다.

01 자본 = 끊임없는 가치증식

마르크스는 상품을 생산하고 판매함으로써 가치의 크기를 변화시켜 더 큰 가치를
획득하는 운동을 자본이라고 정의했다.

상품의 생산과 유통에 의해 증가한 가치를 '잉여가치'라고 한다. 한 상인이
농한기에 농촌 마을에 와서 "이 짚을 가공해 주면 다른 마을로 가져가서 팔
겠다."라며 제안했다고 가정해 보자. 추수하고 남은 짚이 농민의 노동력을 통
해 가공된 짚이 되고 원가를 초과한 가격으로 팔리면 잉여가치가 생산된
것이다. 다만, 아직은 자본주의적 생산양식이 등장하지 않은 상태이다. 왜
냐하면 짚공예 방식은 농민의 자유이기 때문이다.

상품 생산으로 새로운 가치를 창출하다

여기서 잉여가치가 발생하고 자본이 등장하는데, 이 경우 상품을 생산하기 위해 노동력을 투입한 농민은 원하는 때에 원하는 것을 자유롭게 만들 수 있다.

잉여가치 창출은 자본주의의 핵심이므로 잉여가치를 위해 더 높은 생산력을 추구할 수밖에 없다. 자본주의적 생산양식이 도입되고 공장과 기계가 준비되면 엄청난 비용 절감이 가능해지므로 농한기에 만들어진 수공예품은 경쟁력을 잃고 생존할 수 없게 된다. 즉, 자본주의 사회에는 잉여가치를 위해 끊임없이 생산력을 증대시켜야 한다는 명제가 내재하고 있다.

잉여가치를 위해 생산력 증대가 요구된다

가치 있는 상품을 더 빨리 만드는 방법이 등장하면, 기존 방식으로는 같은 시장에서 경쟁하며 가치를 창출하기 어려워진다. 따라서 가치를 계속 증식시키는 방법을 끊임없이 연구해야 한다.

02 자본은 운동이다

마르크스는 자본이란 끊임없이 가치증식을 추구하는 운동이라고 정의했다.

앞서 살펴본 바와 같이(※48쪽 참조), 마르크스가 분석한 상품 유통의 기본 흐름은 상품을 만들어 팔아서 돈을 벌고, 필요한 상품을 구매하는 'W-G-W' 방식이었다. 이를 화폐적 측면에서 보면 상품을 사서 가치를 더해 파는 'G-W-G′'의 흐름을 볼 수 있다. 여기서 ' ′ '는 잉여가치를 의미하며 투입된 자본에 $+\alpha$ 된 가치를 나타낸다. 이런 식으로 가치증식하는 운동이 바로 '자본'이다.

상품과 돈의 유통

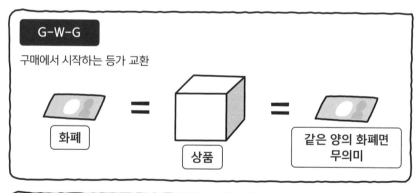

G-W-G

구매에서 시작하는 등가 교환

화폐 = 상품 = 같은 양의 화폐면 무의미

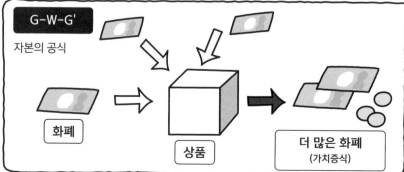

G-W-G'

자본의 공식

화폐 ▷ 상품 ▶ 더 많은 화폐 (가치증식)

우리는 상품을 생산하고 판매할 때 이윤, 즉 잉여가치를 창출하려고 노력한다. 이 흐름이 자본의 본질이며, 가치증식을 위해 끊임없이 궁리하고 노력하는 운동이 바로 '자본'이다. 가치증식이라는 운동에 관여하지 않는 화폐, 다시 말해 증가를 멈춘 화폐는 『자본론』의 관점에서 보면 그저 화폐일 뿐, '자본'에 속하지 않는다.

자본의 본질은 가치증식 운동이다

03 자본가는 인격화된 자본이다

왜 자본가는 이윤을 위해 노동자를 무자비하게 착취하고 돈벌이를 위해 환경을
파괴하는 것일까? 단지 탐욕 때문일까?

마르크스는 자본가의 탐욕을 단지 사적 도덕성의 문제로 간주하지 않았다.
자본가는 자본 운동의 주체로서 자본이 인격화한 존재이기 때문에, 그 탐
욕은 자본의 무한한 가치증식 욕망에서 비롯된다. 사실 자본이 주식회사나
주식 소유 등을 통해 탈인격화하더라도 자본의 탐욕은 변함없다.

자본가의 도덕성은 무관하다

마르크스는 자본가를 '의사와 의식을 부여받은 자본으로 기능하는 존재'라고 묘사했다. 자본가는 벌어들인 돈으로 사적 욕망을 채우기도 하지만, 순수한 자본의 운동은 증식한 모든 가치를 재투입하여 가치증식을 더욱 극대화하라고 지시한다. 자본가에게는 풍요를 누리기 위해 돈을 버는 것을 넘어, 최대 이익을 내는 것이 자기 목적화된다.

어느새 돈벌이가 목적이 되다

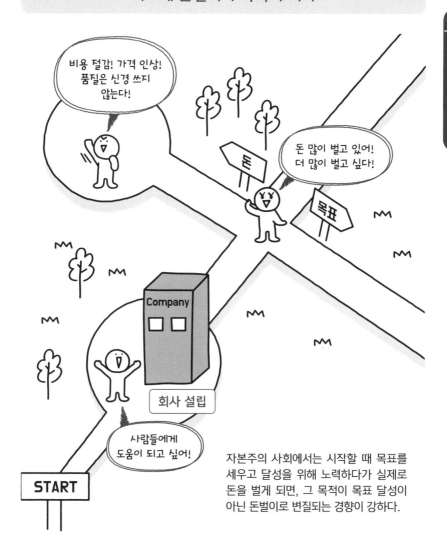

비용 절감! 가격 인상! 품질은 신경 쓰지 않는다!

돈 많이 벌고 있어! 더 많이 벌고 싶다!

돈

목표

Company

회사 설립

사람들에게 도움이 되고 싶어!

START

자본주의 사회에서는 시작할 때 목표를 세우고 달성을 위해 노력하다가 실제로 돈을 벌게 되면, 그 목적이 목표 달성이 아닌 돈벌이로 변질되는 경향이 강하다.

04 불변자본과 가변자본

마르크스는 가치증식 과정에서 자본가가 투입하는 자본을 '불변자본'과
'가변자본'으로 분류했다.

기곗값 50,000원을 들여 상품을 만들면 기계의 가치는 상품의 가치로 이
전된다. 기계라는 형태로 존재하던 가치가 단지 생산물 속으로 이동했을
뿐이다. 만약, 기곗값이 20,000원 오르면 상품 가격도 20,000원 인상된다.
이와 같이 생산 공정에서 '원료'의 가치가 전혀 변하지 않는 부분을 '불변
자본'이라고 한다.

원료의 가치가 변하지 않는 자본

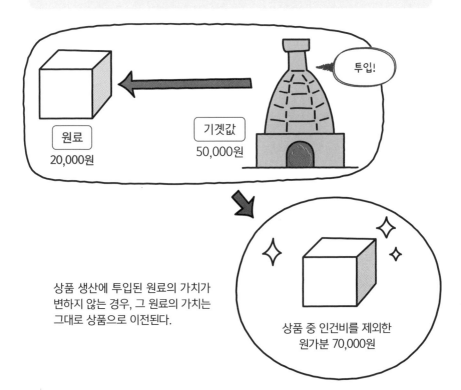

투입!

원료
20,000원

기곗값
50,000원

상품 생산에 투입된 원료의 가치가
변하지 않는 경우, 그 원료의 가치는
그대로 상품으로 이전된다.

상품 중 인건비를 제외한
원가분 70,000원

불변자본만으로는 가치증식이 일어나지 않는다. 그러나 '노동력'이 더해지면 이야기가 달라진다. 노동력이 소비될수록 가치는 증가한다. 일당 30,000원에 노동자를 고용했다고 가정했을 때, 노동시간이 길어지면 하루 생산량의 가치가 60,000원, 80,000원 등으로 변화한다. 이처럼 소비에 따라 가치의 크기가 변하는 부분을 '가변자본'이라고 한다.

노동력은 생산물의 가치를 변화시킨다

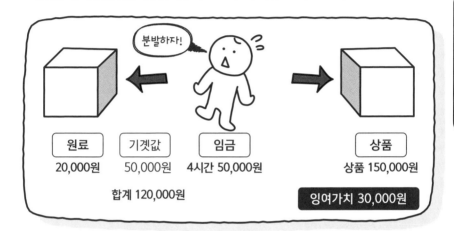

분발하자!

원료	기곗값	임금	상품
20,000원	50,000원	4시간 50,000원	상품 150,000원

합계 120,000원

잉여가치 30,000원

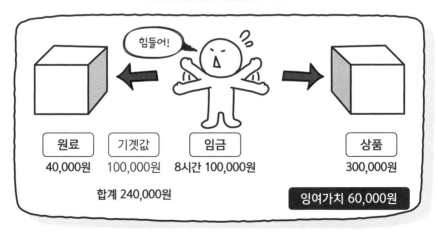

힘들어!

원료	기곗값	임금	상품
40,000원	100,000원	8시간 100,000원	300,000원

합계 240,000원

잉여가치 60,000원

노동력이 창출하는 가치는 노동시간이 길어질수록 증가한다.
더 높은 노동력이 소비될수록 생산된 상품의 가치가 커진다.

05 노동이라는 특수한 상품이 잉여가치를 창출한다

투입된 자본이 증식하기 위해서는 노동력이라는 특별 상품을 투입할 필요가 있다.

'G-W-G′'의 최종 G에 플러스 가치가 부가되기 위해서는 잉여가치를 창출해야 한다. 예를 들어, 50,000원에 구매한 상품에 가치를 더하지 않은 채 판매하면 가격은 50,000원을 넘지 않는다. 앞서 배웠듯이 불변자본 부분은 단순히 가치를 상품으로 이전할 뿐 가치증식을 일으키지 않는다. 그렇다면 상품에 플러스 가치를 부가하려면 어떻게 해야 할까? 마르크스는 가치증식을 일으키는 노동 능력, 즉 노동력을 지목했다.

노동력에는 특수한 기능이 있다

68

자본가는 막대한 돈을 들여 상품 생산 공장을 설립하고 기계 설비와 원자재를 준비한다. 그리고 설비를 이용해 상품을 생산할 노동자를 고용한다. 상품을 만든다는 것은 노동력을 소비하는 행위이자, 잉여가치를 창출하는 행위이다. 마르크스는 노동력의 특수한 기능을 '상품의 사용가치, 곧 가치의 원천'이라고 표현했다.

자본가는 가치를 창출하기 위해 돈을 쓴다

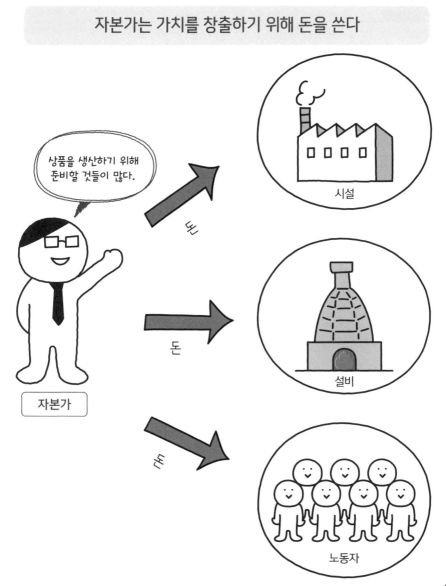

상품을 생산하기 위해
준비할 것들이 많다.

돈

시설

돈

설비

돈

노동자

자본가

06 자본가는 잉여가치를 얻기 위해 노동자를 고용한다

자본가는 무엇을 위해 노동자를 고용하여 상품을 생산할까?
마르크스는 그 이유로 두 가지를 꼽았다.

마르크스는 자본가가 노동자를 고용하여 상품을 생산하는 목적을 두 가지로 정리했다. 첫 번째 목적은 '사용가치'와 '교환가치'를 모두 가진 상품을 생산함으로써 더 많은 화폐를 얻기 위해서이다. 아무리 많은 원가를 들여도 사용가치가 없으면 판매되지 않으므로 '교환가치'를 실현할 수 없다.

사용가치와 교환가치를 결합한 상품

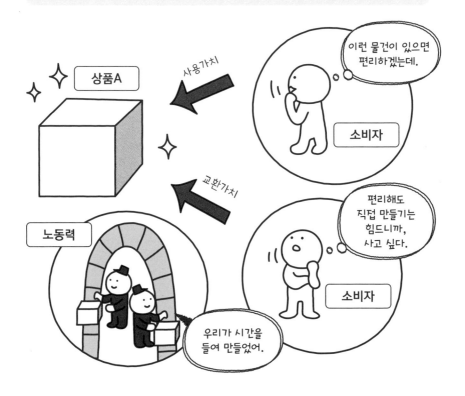

두 번째 목적은 사용가치와 교환가치에 더해 '잉여가치'를 획득할 수 있는 상품을 생산하기 위해서이다. 자본가는 본인이 상품을 사용하는 것도 아니고 자선 사업을 하는 것도 아니다. 그들은 이윤을 원할 뿐이다. 자본가가 이윤을 목적으로 노동자를 고용해 상품을 생산한 결과, 자본주의 사회는 '생산 과정 = 가치증식 과정'으로 이어졌다.

잉여가치도 있다

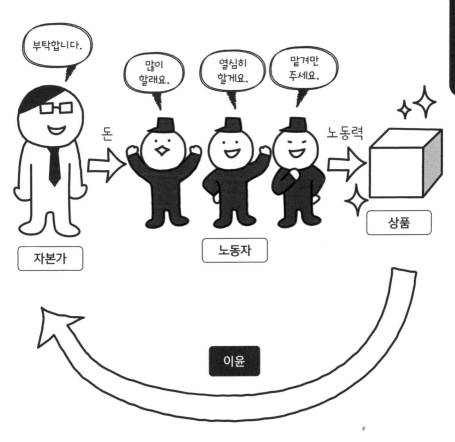

노동력은 상품 생산을 통해 가치를 증식시킨다.

07 노동자는 잉여가치 때문에 착취당한다

자본가는 상품 생산을 위해 구매한 노동력이 임금 이상으로 일하게 함으로써 잉여가치를 창출한다.

자본가는 자신의 화폐를 증식하려는 목적으로 설비와 노동력을 선불로 구매한다. 더불어 잉여가치를 얻기 위해 고용한 노동력의 가치(임금)에 비해 훨씬 더 많은 시간 동안 노동력을 사용한다. 예를 들어, 5시간 일하면 임금에 해당하는 가치를 생산할 수 있음(이 5시간을 '필요노동시간'이라고 한다)에도, 자본가는 노동자와 10시간의 노동 계약을 맺고, 노동자가 임금을 초과하여 창출한 가치는 자본가에게 귀속된다.

노동자는 임금보다 더 많이 일하게 된다

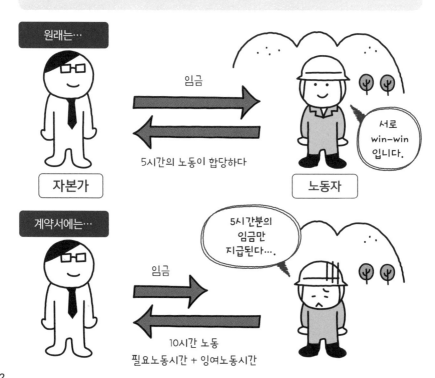

노동자가 임금에 상응하는 노동만 해도 가치가 형성되지만, 잉여가치는 만들어지지 않는다. 마르크스는 노동자가 자신의 임금 분량인 필요노동시간을 초과하여 일하는 것을 '잉여노동시간'이라고 명명했다. 자본가는 구매한 노동력이 임금을 초과한 가치를 생산하도록 강요함으로써 가치를 증식시킨다. 즉, '노동력의 가치 < 노동생산물의 가치'라는 부등식이 잉여가치 생산의 원천이다.

잉여노동시간은 잉여가치를 창출하기 위해 필요하다

자본가는 노동자에게 임금 이상으로 일하게 함으로써
잉여가치를 창출한다.

08 자본가는 노동자와의 관계가 평등하다고 편의적으로 생각한다

마르크스는 노동자의 운명에 대해서 '짓밟히는 것 외에는 아무것도 기대할 수 없는 인간'이라고 묘사했다.

마르크스는 노동자가 필요노동시간을 초과하여 노동을 강요받는 상황을 '착취'로 보았지만, 자본가는 노동력에 의해 생산되는 잉여가치를 본인의 재능과 기계에 의해 창출해 냈다고 생각하는 경향이 있다. 이와 관련하여 마르크스는 상품 매매의 원리는 등가 교환인데, 노동력에 대해서는 부등가 교환이 이루어지고 있다고 분석했다.

자본가의 재능에서 잉여가치가 탄생하는가?

이익이 늘어나는 것은 나의 역량이다!

재능

직접 준비한 기계

상품

기계를 사용하여 상품을 만드는 것은 우리 노동자들이다!

자본가

자본가는 자신의 힘으로 잉여가치를 창출했다고 여긴다. 자신이 노동자를 착취하고 있다는 생각은 전혀 하지 않는다.

계약한 대로 임금을 받는 노동자

자본가는 자신이 노동자에게 노동을 강요하지 않으며, 양자 모두 자유 의지로 행동하고 법적으로도 대등한 관계를 맺고 있다고 주장한다. 또한 양자는 노동력 상품과 화폐를 합의하에 교환하고 있으므로 평등하다고 믿는다. 다시 말해, 자본가는 노동자를 착취함으로써 잉여가치를 창출하고 있다는 인식이 전혀 없으며 당연히 노동력과 화폐를 등가 교환하고 있다고 여긴다.

노동력의 부등가 교환

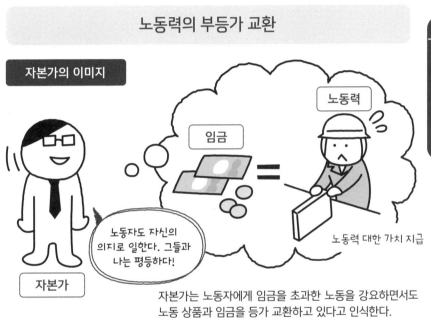

자본가는 노동자에게 임금을 초과한 노동을 강요하면서도 노동 상품과 임금을 등가 교환하고 있다고 인식한다.

자본가는 노동자가 생산한 가치의 전액을 지불하지 않고 잉여가치를 착취하므로 노동력은 부등가 교환되고 있다고 할 수 있다.

자본주의 사회에 대한 공감대로
뜻을 함께하게 된 두 사람

1841년 철학 박사 학위를 받은 마르크스는 이듬해 학생 생활을 마무리하며, 24세의 나이로 독일 쾰른에서 창간한 자유주의 언론 「라인 신문」의 기고가로 활동을 시작했다. 이 시기에 마르크스는 기사를 통해 제 생각을 거침없이 표현했으며, 불의에 침묵하지 않는 성향과 뛰어난 기자로서의 역량 덕분에 입사 6개월 만에 편집장으로 승진했다. 그는 「라인 신문」의 발행 부수를 크게 늘리며 강력한 영향력을 발휘하였다.

이 시기에 마르크스는 프리드리히 엥겔스와 만나 친구가 되었고, 이들은 자본주의 사회에 대한 공통된 견해를 공유하며 자주 소통했다. 『자본론』은 두 사람의 공동 작업이라고 해도 과언이 아니다. 마르크스의 재능을 믿었던 엥겔스는 경제적 지원뿐만 아니라 『자본론』의 완성에도 크게 기여했다.

☑KEY WORD
잉여가치

상품의 생산과 유통 과정에서 증식한 분의 가치를 말한다. 인간의 노동력에 의해 생산된 상품이 생산 원가를 초과하는 가격으로 판매되면 생산과 유통 사이에서 가치가 증식한 것이다.

☑KEY WORD
G–W–G′

상품 유통 과정을 화폐적 관점에서 본 등식. 상품을 사서 단순히 등가 교환의 형태로 파는 것이 아니라, 가치를 증식시킨 후 판매하는 과정을 의미한다. ‘′’는 증식된 가치, 즉 잉여가치를 나타낸다.

☑KEY WORD
노동력

다른 상품과 마찬가지로 사용가치와 교환가치를 갖지만, 사용가치를 지닌 인간의 노동이 자체의 교환가치보다 더 큰 가치를 창출하는 특수한 상품이다. 노동력의 교환가치는 소유자인 노동자의 재생산비용에 따라 결정된다.

☑KEY WORD
부등가 교환

잉여가치는 노동자의 노동력에 의해 생성되지만, 이에 상응하는 임금은 절대 지급되지 않는 상황을 의미한다. 노동력은 항상 자본가에 의해 착취당하고 있음을 단적으로 보여준다.

Chapter 4

Capital:
A Critique of
Political Economy

자본은 노동자를
어떻게 착취하는가

자본가는 더 많은 가치 창출을 위해 노동자로부터 노동력을 구입하며, 이는 반드시 노동자에 대한 착취를 동반한다. 이 장에서는 자본가가 노동자를 착취하는 이유부터 과도한 노동력 착취가 미치는 영향에 관해 설명한다.

01 노동자의 임금은 노동 재생산비용과 같다

노동자는 자본가에게 노동력을 상품으로 팔고 노동력의 가치에 상응하는 임금을 받으며 살아간다. 그렇다면 노동력의 가치는 어떻게 결정될까?

생활을 유지하려면 세끼 밥을 먹고, 쉬고, 잘 수 있는 주거 시설과 가족을 부양하기 위한 생활비가 필요하다. 또한 출퇴근에 드는 교통비, 지식과 기술을 습득하기 위한 교육비도 지불해야 한다. 이처럼 노동자가 건강하게 계속 일하기 위해 필요한 비용을 '재생산비용'이라고 한다. 즉, 재생산에 필요한 만큼의 임금이 노동력의 가치가 되는 것이다.

재생산비용이란?

그러나 노동자가 재생산비용만큼만 일할 경우 잉여가치가 창출되지 않는다. 따라서 자본가는 노동력 재생산을 위한 '필요노동시간'에 이윤을 창출하는 '잉여노동시간'을 더하여 고용 계약을 맺는다. 마르크스는 여기서 착취를 발견했다. 그는 '노동력의 가치는 다른 상품의 가치와 마찬가지로, 이 특수한 상품의 생산 또는 재생산에 필요한 노동시간에 의해 규정된다'고 말했다.

잉여노동시간은 임금에 포함되지 않는다

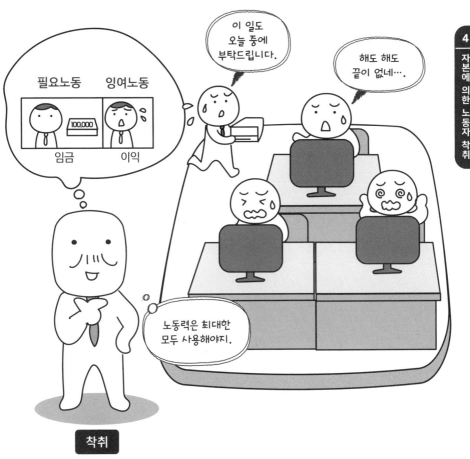

02 노동자는 노동력 외에는 팔 수 있는 상품이 없다

노동자가 자본가에 의해 잉여노동을 강요받는 이유는 노동력 외에 팔 수 있는 상품이 없기 때문이다.

마르크스는 '자본가는 상품 시장에서 자유로운 노동자를 발견하지 않으면 안 된다'고 했다. 여기서 자유롭다는 것은 이중의 의미가 있다. 첫째, 노동자는 자유인으로서 자기의 노동력을 상품으로 판매할 수 있다. 둘째, 노동자는 자신의 노동력 외에는 상품으로 팔 수 있는 어떤 것도 소유하고 있지 않으며, 노동력 실현에 필요한 생산수단을 소유하고 있지도 않으므로 역설적으로 생산수단으로부터 자유롭다. 과거 봉건제와 같은 사회 체제에서는 노동자가 영주의 소유물이었으므로 노동자 개인의 재량으로 노동력을 팔고 자본가가 임금을 지급하는 고용 계약을 체결할 수 없었다.

자유가 없는 노동자는 근로 계약을 체결할 수 없다

노동자는 노동력을 자의적 판단으로 팔 수 있는 자유와 노동력 외에는 팔 것이 없어서 자유롭다는 역설적인 의미에서 이중의 '자유'를 가진다. 이러한 노동자는 화폐를 자본으로 전환하려는 자본가에게 꼭 필요한 존재이다. 그럼 노동자에게 자본가는 어떤 의미일까? '자신의 노동력을 팔 수 있다'는 자유가 있지만, '자신의 노동력 외에는 팔 수 있는 상품이 없다'는 것은 자본가를 위해 일할 수밖에 없음을 의미한다. 이는 결국 노동자가 필연적으로 자본가에게 종속된 위치에 서게 된다는 근본적인 불평등을 드러낸다.

자유는 노동자의 처지를 약화시킨다

03 노동자는 생산물을 소유할 수 없다

마르크스는 노동자의 근로 방식에 두 가지 요소가 부과된다고 지적했다.
그것은 '관리'와 '소유관계'이다.

노동자는 자본가에게 노동력을 상품으로 판매한다. 다시 말해, 노동력은
그것을 구매한 자본가에게 귀속되며 노동시간 동안 노동자는 자본가의 관
리를 따를 수밖에 없다. 마르크스가 "자본가는 노동자로 하여금 노동을 통
해 생산수단을 소비하게 한다. 이때 노동자는 자신의 노동을 소유한 자본
가의 감독하에서 노동한다."라고 말한 것처럼 노동자는 자본가의 지시에
따라 자유를 제한받으며 노동하게 된다.

노동자는 항상 관리된다

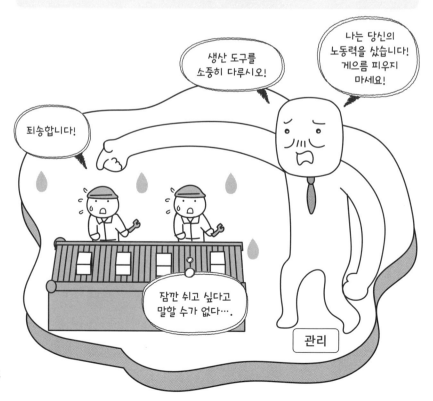

또한, 마르크스는 "생산물은 자본가의 소유물이지 직접적 생산자인 노동자의 소유물이 아니다."라고 말했다. 상품을 실제로 생산한 주체는 노동자여도 생산된 상품은 자본가의 소유일 뿐 노동자의 소유가 될 수 없다. 과거 일본 기업이 외국에서 생산을 시작했을 때 노동자들이 무단으로 상품을 가져간 사례가 있었다. 그들에게는 노동자가 생산한 상품이 자본가의 소유로 귀속되는 자본주의 사회의 상식이 적용되지 않았던 것이다.

노동자는 상품을 소유할 수 없다

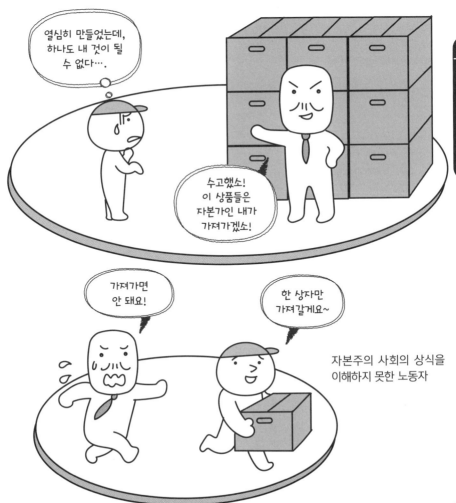

자본주의 사회의 상식을
이해하지 못한 노동자

04 노동자는 최대한 많이 일하도록 강요받는다

자본가는 최대한의 가치를 창출하기 위해 가능한 한 노동자가 오래 일하도록 강요한다.

절대적 잉여가치는 노동시간을 연장하여 얻은 잉여가치이다. 예를 들어, 하루 필요노동시간이 8시간이라면, 그 시간을 초과하여 일할수록 그만큼의 잉여가치가 증가한다. 그러나 하루는 24시간뿐이며, 절대적 잉여가치를 위해 노동시간을 지나치게 연장하면 노동자는 피로해져 재생산이 힘들어진다.

절대적 잉여가치에는 한계가 있다

하루는 24시간밖에 없기 때문에 절대적인 잉여가치에는 한계가 있다.

이처럼 절대적 잉여가치의 생산에는 시간이라는 일정한 한계가 존재한다. 자본가는 이 한계까지 노동자를 최대한 오래 일하게 하여 최대의 잉여가치를 얻으려고 한다. 현재는 법으로 노동시간을 제한하고 있지만, 여전히 노동자는 가능한 한 많이 일하도록 요구받고 있다. 이는 장시간 노동이 여전히 사회 문제로 남아 있다는 사실에서도 잘 드러난다.

노동자와 자본가 간에 표준노동시간을 둘러싼 투쟁의 역사가 오래되었지만, 이 문제는 여전히 해결되지 않고 있다.

05 노동일 연장

자본가는 이윤을 창출하기 위해 노동자의 잉여노동을 원한다. 노동자인 한 장시간 노동을 강요받게 된다.

과거 금광이나 은광에서 노예들은 강제 노동에 시달렸으며, 그 노동은 대부분 잉여가치를 생산하기 위한 잉여노동이었다. 그 가혹함은 '7년의 노동으로 생명을 소진한다'고 표현될 정도였다. 일본에서는 초과노동시간이 길수록 본인과 회사가 모두 성장할 수 있다며 신입 사원에게 '월급의 3배를 일하라!'고 주장하는 경영자도 있었다.

자본가는 잉여 노동을 원한다

잉여가치가 증가할수록 자본가의 이익도 늘어나기 때문에, 생산수단을 소유한 자본가는 잉여노동시간을 필요노동시간보다 더 많이 연장하려고 한다. 마르크스가 '자본가는 노동일을 절대적으로 연장하여 잉여가치를 확보하고 싶은 충동에 이끌린다'고 지적했듯이, 자본가는 노동자에게 초과노동시간을 강요하기 위해 모든 수단을 동원한다. 노동자는 장시간 노동을 강요받는 것이 숙명일 수밖에 없다.

잉여노동시간을 연장하기 위해 지혜를 짜내다

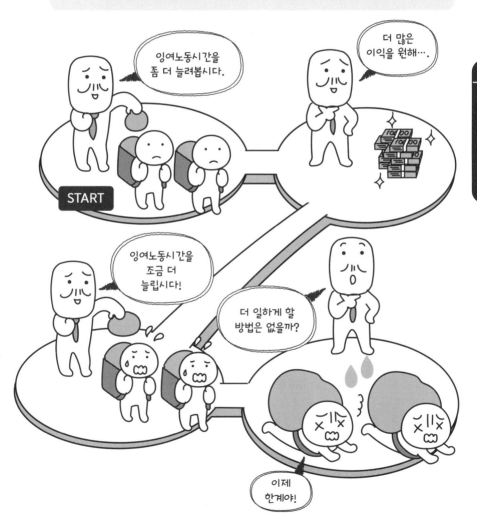

06

노동자는 돈 때문에
연장근로를 감수한다

연장근로 수당을 받을 수 있다면 노동자는 자본가에게 노동력을 제공하게 된다.
마르크스는 이미 이를 꿰뚫어 보았다.

최근 노동개혁으로 연장근로가 제한되고 있다. 노동자는 자본가에게 잉여
가치를 착취당하고 있기 때문에, 연장근로를 하지 않아도 되는 상황을 당
연히 기뻐해야 한다. 하지만 여전히 연장근로 수당이 포함된 급여를 기대
하는 노동자가 많다. 일부는 더 많은 수당을 받기 위해 규정 외 시간에도
기꺼이 연장근로를 감수한다.

규정 외 시간에 일하고 싶은 사람도 있다

마르크스는 "표준노동시간에는 노동가치가 낮기 때문에 충분한 임금을 받으려면 더 많은 임금을 주는 규정 외 시간에 일할 수밖에 없다."라고 지적했다. 마르크스가 『자본론』을 썼던 시대부터 노동자는 얼마 안 되는 추가 수당을 받기 위해 연장근로를 할 수밖에 없었다. 자본가에게 제공하는 노동량보다 받는 임금의 차이에 더 관심을 두게 되는 노동자의 가혹한 현실은 지금도 거의 변하지 않았다.

노동력과 연장근로 수당을 맞바꾸는 노동자

07 자본가는 아동과 여성도 착취한다

기계장치의 보급으로 인해 성인 남성뿐만 아니라 아동과 여성도 임금 노동자가 되었다.

현대에는 미성년자가 아르바이트하는 경우도 많고, 여성이 풀타임으로 일하는 것을 당연시하지만, 과거에는 한 가정의 주된 노동자는 성인 남성이었다. 마르크스는 기계장치의 보급으로 자본가와 노동자의 관계가 크게 변했다고 보며 다음과 같이 말했다. "이제 자본은 미성년자를 산다. 이제 노동자는 처자를 판다. 그는 노예 상인이 된 것이다."

기계장치가 고용 관계를 변화시켰다

이제, 여성과 아이들도 고용할 수 있겠군!

엄청난 기계가 생겼습니다!

앞으로는 미성년자도 일할 수 있는 시대가 올 것이다.

기계장치의 보급으로 더 이상 노동자가 성인 남성에 국한될 필요가 없어지고, 아동 노동과 여성 착취가 그 자리를 대체하게 되었다. 그 결과 노동자 수는 증가하고 인당 급여는 감소했다. 가장인 남편의 노동력만으로는 가족을 부양할 수 없기 때문에 자식과 아내를 노동력으로 제공할 수밖에 없는 상황이 되었다. 이런 식으로 모든 가족 구성원이 자본-임금노동의 관계에 휘말리게 된다.

노동자가 증가하면 인당 급여가 감소한다

08 자본은 노동자의 신체 성장과 발달을 위협한다

가혹한 노동 현장에 내몰린 아동들은 건강, 위생, 신체 발달 등에서 큰 위협을 받게 되었다.

마르크스는 적절한 교육도 받지 못한 채 야간 노동에 내몰리고 충분한 휴식도 보장받지 못하는 아동들의 사례를 들며 '자본은 신체 발달과 건강을 위한 시간마저 강탈한다'고 지적했다. 실제로 15세 미만의 미성년자들이 새벽 5시부터 일을 시작해 새벽 2시에 마치는 가혹한 노동을 강요당했는데, 공장에서 고작 3시간 정도 눈을 붙이는 것이 수면 시간의 전부였다.

장시간 노동은 아동의 발육에 악영향을 미친다

장시간 노동을 강요당하는 아동

마르크스가 살았던 시대의 자본가는 노동자에게 하루 24시간에서 약간의 휴식을 뺀 모든 시간을 노동에 할애하도록 요구했다. 가난한 아이들은 종종 가혹한 대우를 받았고, 신체 성장과 건강에 심각한 위험을 초래하는 노동 환경에 노출되었다. 교육받을 기회조차 박탈당했기 때문에 노동 계급 아이들의 무지는 심각한 수준이었다. 자본가는 아동을 포함한 노동자에게 질병과 기형을 유발하는 노동을 강요하면서도 전혀 죄의식을 느끼지 않았다.

자본가에게는 죄의식이 존재하지 않는다

오늘날 선진국에서는 아동 노동이 금지되어 있지만, 선진국의 하청 산업을 담당하는 개발도상국에서는 아동에 대한 가혹한 착취가 계속되고 있다. 선진 자본주의 국가들은 자국에서만 금지하고 있을 뿐이면서 자신들은 인도적이라는 자아상에 도취해 있다.

09 자본가는 노동력의 소모와 사멸을 생산하고 있다

마르크스는 자본가가 효율성을 추구하고 모든 면에서 낭비를 없애려고 하면서도 인간의 노동력은 낭비한다고 지적한다.

마르크스는 자본가가 이윤을 늘리기 위해 기계를 사용하고 원료를 조절하는 등 온갖 방법으로 철저하게 낭비를 줄이려 노력하면서도 노동력을 제공하는 노동자에 대해서는 정반대로 낭비하는 경향이 있다고 비판했다. 자본가는 비좁고 열악한 노동 환경에서 안전 대책 없이 기계를 다루는 노동자의 위험에 무관심했다.

자본가는 이윤을 위해 효율성을 추구한다

마르크스는 노동자를 위한 환경을 조성하는 것이 자본가에게는 무의미한 낭비로 여겨진다고 주장하며, "자본주의적 생산은 인간의 살과 피, 신경과 뇌수를 낭비하는 것이다."라고 말했다. 실제로 인간성을 파괴하면서까지 이익을 추구하던 시대가 존재했다. 현대에 와서도 블랙 기업에서 발생하는 정신질환과 과로사 문제를 보면 마르크스의 지적이 여전히 유효함을 알 수 있다.

자본가는 노동자에게 무관심하다

자본가에게 중요한 것은 가치 있는 상품을 단시간에 최대한 많이 생산하는 것이지, 노동자에게 쾌적한 노동 환경을 제공하는 것이 아니다.

10 노동시간은 투쟁의 초점이다

1일 노동가치에 상응하는 노동시간을 자본가는 길게, 노동자는 짧게 상정한다.

자본의 관점에서 이상적인 노동일이란 하루 24시간 중 약간의 휴식을 제외한 모든 시간을 노동에 투입하는 것이다. 실제로 산업혁명기 영국에서는 이에 가까운 초장시간 노동을 노동자에게 강요했다. 노동자는 가혹한 노동으로 인해 쇠약해지고 수명이 단축했다. 자본가는 훼손된 노동력을 긴급하게 대체해야 했고 이에 따른 막대한 비용이 발생했다. 노동력 재생산에 드는 소모비를 줄이기 위해 만들어진 것이 바로 표준노동일이다.

노동일은 하루 24시간이었다

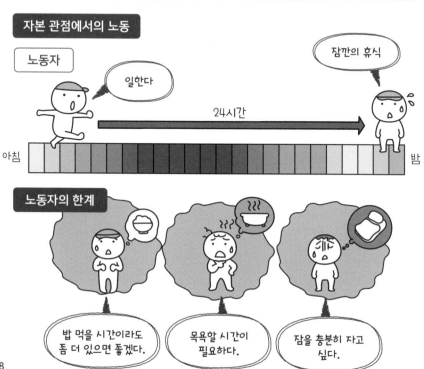

마르크스는 연장근로의 한도를 초과할 수 없는 노동자의 신체적·정신적 한계가 존재한다고 주장했다. 또한 '1일 노동가치'가 정확히 몇 시간의 노동을 의미하는지는 정해져 있지 않았다. 1일 노동가치에 상응하는 노동시간을 자본가는 최대한 길게 상정하고, 노동자는 가능한 한 짧게 상정한다. 이러한 상충된 상정 때문에 표준노동일을 놓고 자본가와 노동자는 충돌할 수밖에 없다.

판매자와 구매자의 상정이 충돌하다

자본가가 상정한 1일 노동가치　자본가는 1일 노동가치에 걸맞은 노동시간으로 연장하고자 한다.

노동자가 상정한 1일 노동가치　노동자는 1일 노동가치에 걸맞은 노동시간으로 단축하고자 한다.

11 자본가를 위한 노동 방식 개혁

마르크스는 공장법의 제정은 자본가가 노동력을 계속 착취하기 위한 수단이라고
지적했다

영국에서는 자본가에 의한 노동자 착취가 육체적·생리적 한계를 넘어섰다고
판단하여 공장법을 제정했다. 이 법은 장시간 노동 및 미성년자들이 탄광
이나 공장 등에서 일하는 것을 규제하는 법이다. 언뜻 보면 노동자의 처지
에 주목하고 노동 환경을 개선하려는 움직임으로 보이지만, 마르크스는 이
를 노동자를 구제하려는 선의에서 만들어진 것으로 보지 않았다.

과도한 장시간 노동을 규제한다

물론 마르크스는 인도적 동기를 가지고 공장법 제정을 위해 노력한 사람들도 일부 있음을 알고 있었다. 하지만 공장법이 제정된 배경에는 '착취의 대상인 노동자가 사라지면 자본가가 곤란하다'는 이유도 있었다. 마르크스는 자본가가 계속 착취를 이어가기 위한 목적으로 노동자를 보호하는 것이라고 여겼다.

노동자를 계속 착취하기 위해 공장법을 제정하다

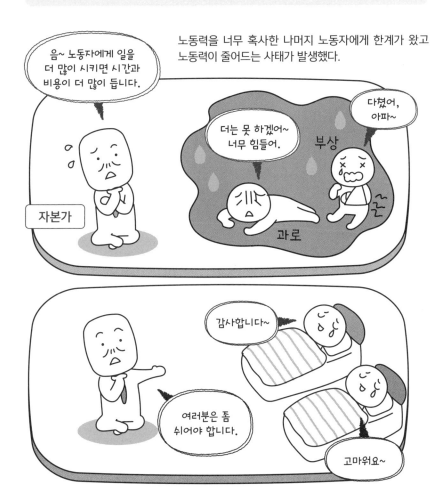

마르크스는 공장법이 착취의 대상인 노동력을 재생산하기 위해서 의도적으로 노동자를 쉬게 하는 목적으로 제정되었다고 지적한다.

확고한 주장과 영향력이
국가를 움직이다

마르크스는 엥겔스와 만난 이후, 사회의 부당함에 분노하고 철저히 비판하는 성향이 더욱 강화되었다. 「라인 신문」에 기고한 기사만 봐도 엥겔스를 만나기 이전보다 더 정치적이고 공격적인 주장을 펼쳤음을 알 수 있다. 마르크스의 이러한 비판 정신은 많은 적을 만들었지만, 동시에 그를 지지하는 사람들도 늘어났고 그들에게 큰 영향력을 발휘했다. 마침내 마르크스가 쏘아 올린 비판의 화살은 러시아 정부를 겨냥하게 된다. 당시 러시아는 강대국으로서 한 언론인의 비판적 의견에 일일이 귀 기울이지 않았을 것으로 보인다. 그러나 당시 러시아 황제 니콜라이 1세는 마르크스의 날카로운 비판에 두려움을 느꼈고, 마르크스가 일하는 신문사에 압력을 가했다. 이로 인해 「라인 신문」은 순식간에 폐간 위기를 맞이하게 되었고, 결국 마르크스는 직장을 잃을 수밖에 없었다. 그러나 이 사건은 도리어 마르크스의 영향력과 비판의 정확성을 황제 스스로 세상에 알린 계기가 되었다.

☑KEY WORD

이중의 자유

자본가가 찾고자 했던 것은 두 가지 의미에서 자유로운 노동자였다. 하나는 자신의 노동력을 자유롭게 활용할 수 있음을 의미하고, 다른 하나는 노동력 외에는 상품으로 팔 수 있는 어떤 것도 소유하고 있지 않음을 의미한다. 이 두 가지 자유를 동시에 가진 노동자는 자본가에게 있어서 꼭 필요한 존재였다.

☑KEY WORD

절대적 잉여가치의 생산

오로지 노동시간을 장시간 연장함으로써 얻을 수 있는 잉여가치를 말한다. 시간이라는 일정한 한계가 존재하지만, 자본가는 그 한계까지 노동자를 일하게 하여 잉여가치를 생산했다.

☑KEY WORD

노동자의 쇠약과 기형화

잉여가치를 얻기 위한 초과 노동은 약간의 휴식을 제외하고 거의 24시간 동안 지속되었다. 이는 노동자의 건강을 유지하기 어렵게 만들었고, 특히 미성년자의 신체 성장과 발달에도 부정적인 영향을 미쳤다.

☑KEY WORD

표준노동일

휴식이 거의 없는 장시간 노동은 노동자의 건강을 훼손하고 수명을 단축시켰다. 새로운 노동력 보충이 긴급하게 이루어졌으나 이에 소요되는 비용 역시 막대하게 증가했다. 이러한 상황에서 노동력 재생산에 드는 소비를 줄이기 위해 제정된 것이 바로 표준노동일이다.

Chapter

5

Capital:
A Critique of
Political Economy

자본은 사회 전체와
자연도 착취한다

자본은 사람뿐만 아니라
지구 자체도 집어삼키려
한다는 것을 깨달아야 한다.

자본이 착취하는 것은 노동자만이 아니다. 자본주의 사회가 본격적으로 부상하면서
사회 전체와 자연에까지 착취의 손길이 미치고 있다. 이 장에서는 착취를 지속하는
자본주의 사회의 본질과 착취가 전 세계에 미치는 영향을 설명한다.

01

자본가는 노동자의 미래에 전혀 관심이 없다

자본가는 노동자의 건강과 수명에 무관심하다. '나중은 아무래도 상관없다'는 무책임한 태도로 노동자를 혹사한다.

자본주의가 발달하면서 노동자에 대한 착취는 더욱 심각해졌다. 특히 영국에서는 노동력의 소모가 극심하여, 도시 지역 면직물 공장에서 일하는 노동자의 평균 수명은 20세도 채 되지 않았다. 그러나 자본가는 노동자의 건강과 수명에 전혀 관심이 없었다. 오히려 공장법의 허점을 찾아내어 잉여 노동시간을 늘리려 했다. 그들에게는 '눈앞의 일만 잘 해결되면, 나중은 아무래도 상관없다'는 무책임한 태도가 자리 잡고 있다.

자본가는 노동자의 건강과 수명을 고려하지 않는다

마르크스는 자본가의 탐욕을 간파하고 "그들은 인류 퇴폐나 인구 감소 등의 문제에는 아랑곳하지 않고 지금까지의 방식을 고수할 것이다."라고 지적했다. 자본가는 '노동의 고통이 우리의 이윤을 증가시키는데, 그것이 왜 우리를 고통스럽게 하겠는가?'라며 스스로를 정당화했다. 자본은 오로지 증식만을 목표로 하고 있다.

자본가는 눈앞의 일만 잘되면 그만이다

02 자본은 사용가치에 무관심하다

자본은 항상 양적 증가에만 관심이 있다. 그 외의 일은 어찌 되어도 상관없다.

자본은 사용가치에 관심이 없다. 물론 상품이 팔리기 위해서는 어떤 유용성이 있어야 하므로 그런 의미에서는 흥미가 있지만, 사실 유용성이 없어도 팔리기만 하면 괜찮다. 자본은 어차피 양적 증가를 목표로 하기 때문이다. 따라서 정말 유용한 것을 만들 필요는 없으며, 유용해 보이기만 하면 충분하다.

자본주의 사회에서는 어쨌든 양이 중요하다

어쨌든 양을 늘리는 것이 자본주의와 자본의 본질이다. 이는 '질보다 양'의 필연성이 자본에 존재한다는 의미이다. 자본주의의 발전으로 인류가 풍요로워졌다면, 자본 입장에서는 부수적인 효과에 불과하다. 자본은 본래의 사용가치, 즉 '유용한 것이 늘어나면 삶이 풍요로워지고 인간이 더 행복해진다'는 것에 본질적으로 무관심하다.

'질보다 양'이 자본주의의 본질이다

03 자본은 소비자도 속인다

자본가는 중노동으로 노동자를 착취했을 뿐만 아니라, 고의적인 식품 위조로
소비자까지 속였다.

자본가의 등장으로 빵 산업에도 문제가 발생했다. 빵 동업 조합이 붕괴되고
자본가가 제조 과정에 진입하면서 이윤을 늘리기 위해 다양한 식품 위조
행위가 벌어진 것이다. 빵을 부풀리기 위해 규제 없이 명반을 사용하거나
비누, 탄산칼륨, 석회, 석분 등을 첨가하는 것은 물론이고 모래까지 넣었다.

식품 위조로 식품의 질이 떨어지다

식품 위조 비행이 시작된 시기와 정가 이하로 식품을 판매하는 할인판매업자 집단이 형성되기 시작한 시기가 맞물린다. 자본주의적 생산은 식품 위조뿐만 아니라, 노동일의 무제한 확장과 야간 연장 노동까지 불사했다. 정가판매업자들은 이러한 현실에 대해 '첫째로 민중을 속이고, 둘째는 12시간 임금으로 18시간 노동을 강요하고 있다'고 비난하며 국가에 고발했다.

정가판매업자들에 의해 고발당하다

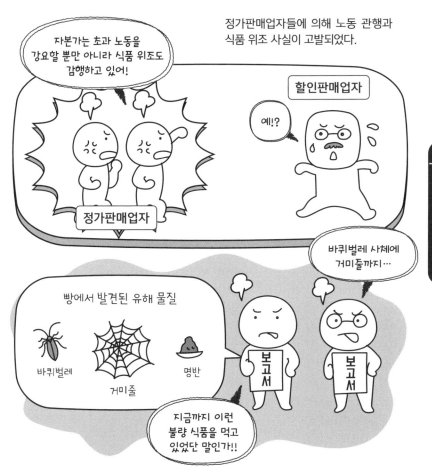

보고서를 본 사람들은 노동자의 과중한 노고가 담긴 줄만 알았던 빵에 바퀴벌레 사체나 거미줄도 들어있다는 사실을 알게 되면서 분노했다.

04 자본은 자연도 착취한다

자본은 증식을 위해 인간의 노동뿐만 아니라 자연까지 무자비하게 착취한다.

오늘날 인류는 생활필수품인 스마트폰, 컴퓨터, 냉장고, 세탁기 등의 전자 제품에 동력을 공급하기 위해 주로 석유, 천연가스 등과 같은 화석 연료에 의존하고 있다. 그러나 화석 연료는 필연적으로 고갈될 수밖에 없는 자원 이다. 언젠가는 자원 고갈로 인해 현재의 정상적인 생활을 누리기 힘들 수 도 있다.

풍요의 이면에는 자원 고갈이 있다

인간의 삶은 많은 자원에 의해 유지되고 있다.

자본주의 사회에서는 인류가 기후를 변화시킬 정도로 자연환경을 소비하고 파괴하고 있다는 사실을 알면서도 경제성장과 과잉소비를 멈추지 않는다. 하지만 오늘날 가속화하는 경제성장과 소비로 인한 환경 파괴는 더 이상 외면할 수 없는 단계에 이르렀다. 마르크스는 마치 이를 예언이라도 한 듯이 현대 사회가 직면하고 있는 환경 문제에 대해 언급했다.

자본주의는 환경을 파괴한다

경제성장과 과잉소비는 환경을 파괴한다.

05 자본은 물질대사를 장악하고 교란한다

환경 위기에 대응해야 한다는 목소리가 높아지고 있지만, 자본주의 구조를 건드리지 않고는 해결이 불가능하다.

소위 세계 선진국이라 불리는 대부분의 국가는 자본주의 사회이며, 그곳에 사는 사람들은 물질적으로 풍요로운 삶을 영위한다. 하지만 자본은 계속해서 인간을 장시간 노동하게 만들고 전 세계 자연의 힘과 자원을 착취하고 있다. 이러한 문제에 대응하기 위해 선진국에서는 지속가능발전목표(SDGs)를 채택하고 있으며, 비닐 쇼핑백 유료화, 재생에너지 발전 비중 증대 등 다양한 노력을 기울이고 있다.

SDGs의 성과는 자본주의에 대한 비판에서 시작한다

그러나 우리가 과잉소비를 멈추지 않는 한, 값싼 노동력으로 착취당하는 사람들과 자연은 계속 소비될 것이다. 자본주의 사회에서는 소비가 정체되면 경제가 순환하지 않는다. 경기 침체는 사람들의 삶을 어렵게 한다는 관점에서 보면 자본주의 사회는 구조적으로 환경을 계속 착취할 수밖에 없다는 결론에 이른다. 자본주의 이전에 인간의 경제 활동은 자연계의 물질대사와 조화를 이루며 수행되었다. 그러나 자본의 논리가 경제 활동을 장악한 결과, 물질대사는 교란되었다. 자본주의에 대한 비판에서 시작하지 않으면 지속가능발전목표(SDGs)는 허상에 불과하다.

마르크스 인물상

거점을 옮겨가며
사회주의 운동을 이어간
마르크스

직장을 잃은 마르크스는 독일에서 프랑스 파리로 활동 거점을 옮겼다. 당시 사회주의자들의 본거지였던 프랑스에서 마르크스는 철학적 논증보다는 실천적 논증을 중심으로 활동했다. 파리에서 마르크스는 「라인 신문」에서 기자로 일할 때보다 훨씬 더 급진적인 주장을 펼치며 「독불연감」이라는 잡지를 발행했는데, 엥겔스와 시인 하인리히 하이네도 참여하였다.

그러나 정치 비판을 중심으로 한 마르크스의 혁명적인 활동은 도처에 적을 만들었다. 그 결과 「독불연감」은 창간하자마자 폐간되는 운명을 맞이했고, 마르크스는 프랑스 정부로부터 추방 명령을 받았다.

이후 마르크스는 벨기에로 이주하여 엥겔스와 함께 유럽 전역의 사회주의 운동을 단결시키기 위한 목적으로 『공산당 선언』을 집필했다. 하지만, 이 때문에 벨기에에서도 추방당하게 되었다. 이렇듯 마르크스는 추방당해도 거점을 옮겨가며 사회주의 운동을 계속 이어 나갔다.

☑KEY WORD
'질보다 양'의 필연성

자본은 거래량을 늘리는 데만 관심이 있다. 자본의 본질은 유용한 상품을 생산하는 것이 아니라 유용해 보이고 팔리기만 하면 된다고 여기는 것이다.

☑KEY WORD
식품 위조

과거 자본주의 사회에서는 빵을 대량 생산하기 위해 명반 등을 섞어 빵을 부풀리는 고의적인 식품 위조 행위가 만연했다. 그 밖에도 여러 불순물이 포함되곤 했다.

☑KEY WORD
자원 고갈

일상생활에 필요한 설비를 가동하는 연료의 대부분은 석유, 천연가스 등 고갈성 화석 연료이다. 자본주의 사회에서의 자연환경 파괴는 필연적으로 가까운 장래에 자원을 고갈시킬 수밖에 없다.

☑KEY WORD
SDGs 성과 저하

세계 각국에서 지속가능발전목표(SDGs)를 채택하고 환경 파괴를 막기 위해 노력하고 있지만, 자본주의 사회가 지속되는 한 사람들은 과잉소비를 멈추지 않고, 노동력과 자연은 계속 착취당하는 구조가 될 것이다.

Chapter

6

Capital:
A Critique of
Political Economy

기술 진보와 자본주의

기술이 발전하고
세상은 더 편리해졌다. 그래서
과연 노동자는 행복해졌을까?

19세기 산업혁명 이후 자본주의는 비약적으로 발전했다. 여기에는 다양한 기술 발전이 관련되어 있다. 그렇다면, 기술 진보로 인해 자본주의 사회의 형태에 어떤 변화가 생겼을까? 이 장에서는 기술과 자본주의의 관계를 설명한다.

01 자본주의는 왜 생산력을 비약적으로 증가시켰는가?

절대적 잉여가치의 한계를 넘어 상대적 잉여가치를 추가하며 생산성을 증대시키는 것을 목표로 한다.

생산성을 높이는 것, 즉 잉여가치를 늘리는 방법으로 '절대적 잉여가치'와 '상대적 잉여가치'가 있다. 절대적 잉여가치는 단순히 노동시간을 연장하여 얻는 것이며, 상대적 잉여가치는 필요노동시간을 단축하여 얻는 것이다. 자본주의는 노동시간 연장의 한계 때문에 절대적 잉여가치보다 상대적 잉여가치를 추구하는 방향으로 발전했다.

절대적 잉여가치에서 상대적 잉여가치로의 전환

가혹한 노동 환경은 노동자 계급을 파괴하기 때문에 공장법 제정을 통해 노동시간을 제한하여 노동자를 보호한다.

상대적 잉여가치는 생산성 증가로 얻어지는 잉여가치이다. 예를 들어, 어떤 제품을 생산하는 데 8시간이 걸리던 것을 6시간으로 단축하면 필요노동시간이 줄어들고, 그 결과 잉여가치가 증가한다. 이처럼 필요노동시간을 단축하고 잉여 생산을 증가시키는 것이 상대적 잉여가치를 얻는 방법이다.

상대적 잉여가치의 증가가 자본주의 사회의 핵심이다

일정량의 목화를 분리하는 작업에 총 8시간이 걸린다고 가정해 보자.

하지만 협력하여 작업하면 효율성을 높일 수 있다.

이 작업은 여럿이 같이 하는 게 효율적이야.

이 작업은 쓸데없으니 생략할까?

불필요한 작업을 생략하여 업무 효율성을 높일 수 있다.

결과적으로, 같은 양의 목화 분리 과정이 6시간으로 단축되었다. 이 2시간이 바로 상대적 잉여가치이다.

02 생산성 향상으로 인한 끝없는 가격 경쟁

혁신으로 획득한 특별잉여가치는 끝없는 가격 인하 경쟁으로 이어진다.

자본은 주로 상대적 잉여가치를 추구하며 생산력을 지속적으로 증대시켜 왔다. 이는 자본주의 사회에서 생산력을 증대시키기 위해 신기술을 개발하고 새로운 조직 방식을 도입하는 등 모든 수단을 동원해 왔다는 의미이다. 그중에서도 특히 중요한 잉여가치는 '특별잉여가치'로 불린다. 이는 혁신에 의해 일시적으로 얻어지는 가치를 의미한다.

특별잉여가치 = 기한이 있는 잉여가치

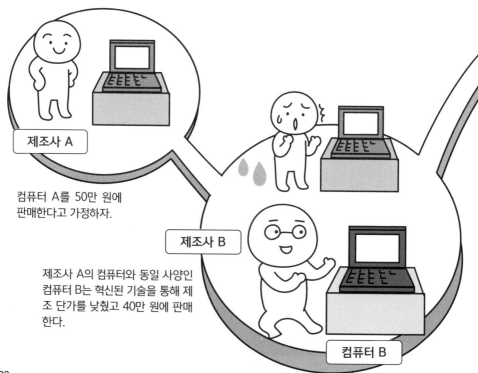

제조사 A

컴퓨터 A를 50만 원에 판매한다고 가정하자.

제조사 B

제조사 A의 컴퓨터와 동일 사양인 컴퓨터 B는 혁신된 기술을 통해 제조 단가를 낮췄고 40만 원에 판매한다.

컴퓨터 B

특별잉여가치는 기한이 있어 어느 시점에 사라지는 일시적인 잉여가치이다. 예를 들어, 50만 원에 판매하던 컴퓨터를 생산 방법 혁신으로 40만 원에 판매할 수 있게 되었을 때 얻는 이익이 이 범주에 해당한다. 그러나 동종업계 경쟁사가 이를 모방하면 특별잉여가치는 사라지게 된다. 이러한 이유로 특별잉여가치에 의존하는 자본가는 지속적으로 혁신을 추구하지만, 그 결과는 끝없는 가격 인하 경쟁으로 이어진다. 이는 자본주의가 끊임없이 가격 경쟁 속으로 빨려 들어가는 이유 중 하나이다.

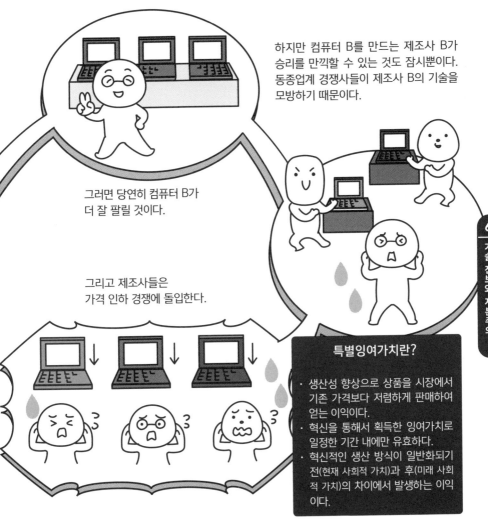

하지만 컴퓨터 B를 만드는 제조사 B가 승리를 만끽할 수 있는 것도 잠시뿐이다. 동종업계 경쟁사들이 제조사 B의 기술을 모방하기 때문이다.

그러면 당연히 컴퓨터 B가 더 잘 팔릴 것이다.

그리고 제조사들은 가격 인하 경쟁에 돌입한다.

특별잉여가치란?

- 생산성 향상으로 상품을 시장에서 기존 가격보다 저렴하게 판매하여 얻는 이익이다.
- 혁신을 통해서 획득한 잉여가치로 일정한 기간 내에만 유효하다.
- 혁신적인 생산 방식이 일반화되기 전(현재 사회적 가치)과 후(미래 사회적 가치)의 차이에서 발생하는 이익이다.

03 협업이 생산성을 높이는 두 가지 이유

상대적 잉여가치가 증가하는 데 중요한 역할을 하는 '협업'. 자본주의 사회에서 그 효과는 무엇인가?

첫째, 협업은 생산력을 향상하는 구체적인 수단 중 하나이다. 협업이란 제품 생산에 관련된 다수의 노동력을 체계적으로 조직하여 협력하는 시스템을 말한다. 다수의 노동자가 함께 작업을 체계적으로 분담하고 협력하면 노동력의 총합을 넘어서 더 큰 생산력을 발휘할 수 있다. 마르크스는 이를 '계획적인 협업은 고립된 개별 노동의 물리적, 시간적 한계를 벗어나 집단적·사회적 힘이 창출되는 것'이라고 해석한다.

노동자가 모여서 함께 작업하는 편이 효율성이 높다

시계를 만든다고 가정했을 때,
각기 다른 장소에서 따로 작업하는 것보다,

작업장을 공유하면 효율성이 높아진다.

둘째, 협업은 도구나 기계 같은 생산수단을 가능한 한 많은 사람이 공유함으로써 효율성이 높아진다. 이는 생산성을 증대시키는 중요한 요소이다. 생산수단을 다수의 인원이 함께 사용하면 상품 개별 단가가 낮아지며, 생산비용을 절감하는 효과를 낳는다. 마르크스는 이러한 효율성이 생산성과 상대적 잉여가치를 현저하게 증대시키는 중요한 요소라고 보았다. 자본주의 사회에서 협업은 생산비용을 줄이고 생산성을 높이는 핵심 전략으로 활용된다.

기계는 가능한 한 많은 사람과 공유한다

많은 노동자가 함께 기계를 사용하면 효율성이 높아진다.

기계를 혼자 사용하면 낭비이다.

아리스토텔레스가 "인간은 사회적 동물이다."라고 말했듯이, 노동자들이 한곳에 모이면 생산성이 높아진다. 게다가 기계를 공유함으로써 생산성이 더욱 향상된다.

생산성 향상!

04 공장제 수공업에서 기계제 대공업으로의 전환

노동자는 역할이 명확히 구분되고 더욱 전문화되며, 기계의 도입은 생산성과 잉여가치를 급격히 증가시킨다.

협업을 통해 많은 수의 노동자를 모을 수 있게 되면 이번에는 '분업'이 일어난다. 초기 공업 생산은 매뉴팩처(공장제 수공업)라고 불리며, 이 단계에서는 노동자들의 역할을 세분하여 더욱 전문화했고, 보다 체계적인 생산 시스템을 채택했다. 장인의 손에 의해서만 제작되던 제품들도 공장제 수공업의 도입으로 대량 생산이 가능해졌으며 이는 생산성을 크게 향상시켰다.

매뉴팩처(공장제 수공업)란?

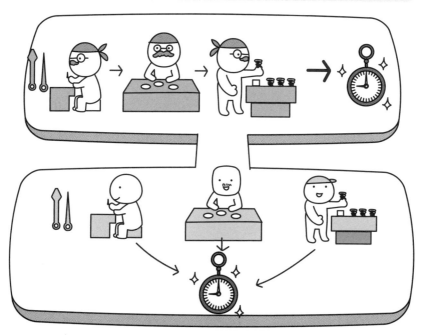

장인의 수작업에서는 각각의 작업을 하는 데 시간이 오래 걸리지만, 분업화하면 효율성을 높일 수 있다. 또한 모든 작업을 수행할 수 있는 숙련노동자가 필요하지 않다.

126

산업 혁명으로 기계가 도입되면서 제조업은 '기계제 대공업'으로 전환되었다. 결과적으로 수작업을 훨씬 능가하는 힘과 속도를 가진 기계에 의해 생산력이 크게 향상했다. 기계는 도입 비용이 많이 들지만, 생산성과 서비스 수명을 고려하면 큰 이윤을 가져온다. 기계를 이용한 대량 생산은 전체 생산비용을 크게 줄이면서 잉여가치를 극대화했다.

기계제 대공업으로의 전환은 생산성을 크게 높였다

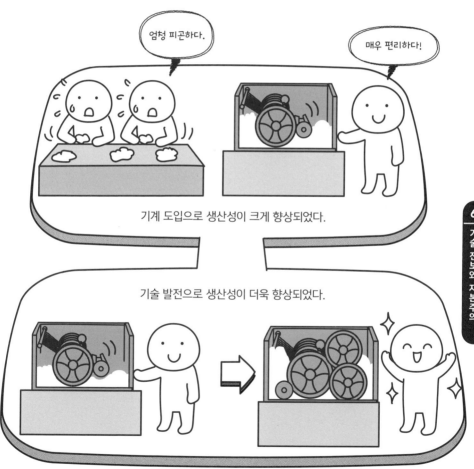

05 기계는 사람이 아닌 자본을 위해 사용된다

기계는 '인간의 노동을 더 쉽게 만들어주는' 것처럼 보이지만, 자본의 측면에서
보면 반드시 그렇지는 않다.

기계는 인간을 편하게 하기 위한 도구로만 사용된다고 생각하기 쉽지만,
이는 사실이 아니다. 자본은 '기계와 인간 중 어느 쪽이 더 이윤이 나는가?'
라는 기준에 따라 기계를 도입할 것인지, 아니면 인간을 노동력으로 사용
할 것인지를 판단한다. 설령 위험한 일일지라도 인간을 노동력으로 사용하
는 것이 더 저렴하다면, 자본가는 기계를 선택하지 않을 것이다. 마르크스
는 이러한 사고방식을 비판하며 분개했다.

기계가 반드시 인간을 편하게 해주는 것은 아니다

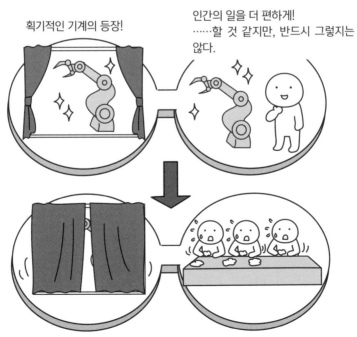

사실, 인건비가 더 저렴하다면 자본가는 망설임 없이
기계보다 사람을 더 혹사할 것이다.

실제로 과거, 중국에 진출한 많은 일본 기업이 인건비가 저렴하다는 이유로 기계를 도입하지 않은 경우가 많았다. 마찬가지로 양모 산업이 기계화된 시기에도 기계나 말보다 저렴한 여성과 아동을 노동력으로 사용했다. 이처럼 자본은 단순히 인간을 보호하고 인간의 일을 편하게 하는 용도로 기계를 도입하는 것이 아니며, 경제적 이윤을 중심으로 판단한다.

더 저렴한 생산수단이 선택된다

과거 양모 산업에 기계가 등장했을 때, 기계보다 여성과 아동을 고용하는 비용이 더 저렴했기 때문에 기계를 사용하지 않은 경우도 많았다.

06 기계화는 노동을 비인간적으로 만든다

기계가 도입되면서 생산성이 높아졌음에도 인간은 더 많은 노동을 강요당하고 있다. 법으로 노동시간을 제한해도 노동 밀도는 높아지고 있다.

기계는 365일 24시간 쉼 없이 작동할 수 있다. 그래서 자본가는 '비싸고 생산성이 높은 기계를 최대한 가동하고, 이를 관리하는 노동자도 최대한 오래 일하게 하자'는 생각을 하게 된다. 비록 노동시간은 법으로 제한되어 있지만, 실제로는 노동 밀도가 증가하는 결과를 초래한다.

자본가는 노동자가 최대한 많이 일하기를 원한다

24시간 365일 불평 없이 일하는 기계는 얼마나 유능한 생산수단인가!

기계가 착취에 더 효과적임을 깨달은 자본가.

그러나 기계를 작동시키려면 노동자가 필요하다….

기계만으로는 생산량을 늘릴 수 없다.

자본은 기계의 속도를 높이는 동시에 이를 감시하고 관리하는 노동자의 작업 범위와 강도를 확장한다. 노동자는 한정된 시간에 더 많은 노동을 강요받게 되는 것이다. 자본가는 기계 작업에 필요한 인력을 줄임으로써 더 많은 잉여가치를 착취하려고 한다. 노동력은 기계에 종속될 수밖에 없다.

기계는 노동자의 노동 밀도를 높인다

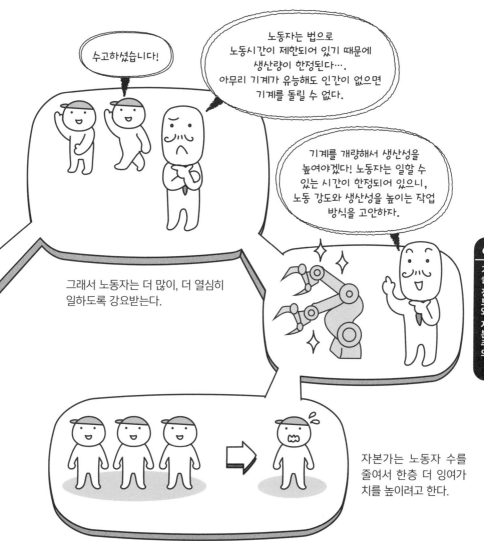

수고하셨습니다!

노동자는 법으로 노동시간이 제한되어 있기 때문에 생산량이 한정된다…. 아무리 기계가 유능해도 인간이 없으면 기계를 돌릴 수 없다.

기계를 개량해서 생산성을 높여야겠다! 노동자는 일할 수 있는 시간이 한정되어 있으니, 노동 강도와 생산성을 높이는 작업 방식을 고안하자.

그래서 노동자는 더 많이, 더 열심히 일하도록 강요받는다.

자본가는 노동자 수를 줄여서 한층 더 잉여가치를 높이려고 한다.

기계화로 인해 여성과 아동이 노동에 투입되었다

기계의 도입으로 여성과 아동도 노동 현장에 참여하게 되었고, 전체 노동 인구가
증가하면서 임금은 낮아졌다.

기계를 사용함으로써 근력이 없는 사람들도 노동자로 투입 가능해졌다. 표
면적으로는 큰 장점인 듯하지만, 사실, 노동자 전체의 복리후생에는 불이
익을 초래하게 된다. 근력이 부족한 사람들, 즉 여성과 아동이 노동 시장에
편입되면서 임금 수준과 노동 환경은 더욱 열악해졌다.

여성과 아동도 노동이 가능해진다

과거의 노동은 근력이 필요한
작업이 대부분이었다.

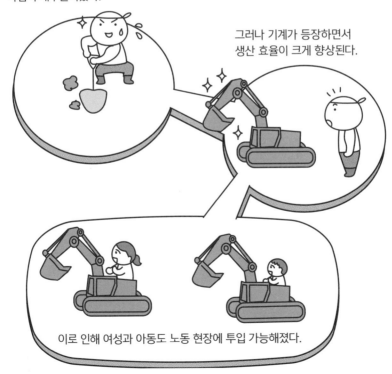

그러나 기계가 등장하면서
생산 효율이 크게 향상된다.

이로 인해 여성과 아동도 노동 현장에 투입 가능해졌다.

여성과 아동이 노동에 참여하게 되면 노동 인구가 급격히 증가한다. 이는 노동 임금의 하락으로 이어진다. 마르크스가 살았던 시대에는 생산 현장이 오늘날처럼 안전하게 보호되는 곳이 아니었다. 마르크스는 "기계는 처음부터 착취를 확대하는 수단으로 사용되었다."고 지적했다.

노동 인구 증가로 인한 임금 하락

이전에는 남성만 할 수 있었던 노동에 여성과 아동이 참여하게 되면서 노동 인구의 모수가 증가했다. 그 결과 노동 임금이 하락하게 된다.

08 기계는 노동의 가치를 낮추고 가족 총동원 노동의 시대를 이끌었다

기계의 도입으로 인해 성인 남성의 노동 가치가 하락했다. 가족을 부양하기 위한 임금을 아버지에게만 지불할 필요가 없어졌다.

기계의 등장은 생산력을 확대한 한편 노동의 가치 저하를 초래했다. 여성과 아동이 노동 시장에 진입하면서 성인 남성 노동력의 가치가 떨어졌기 때문이다. 그 결과 가족을 부양하기 위해 아버지는 공장에서 노동하고, 어머니는 전업주부로 종사하던 전통적인 가족 형태가 변화하게 된다. 기계가 출현한 자본주의 체제하에서는 아버지에게 가족 전체를 부양할 수 있는 수준의 임금을 지급할 필요가 없어진 것이다.

기계의 등장으로 가족의 형태도 변화한다

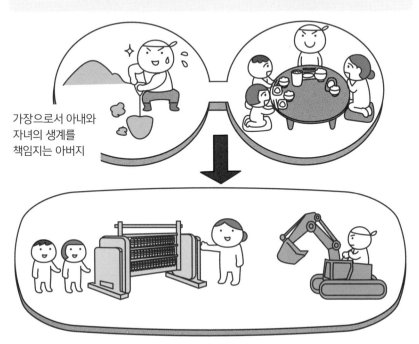

가장으로서 아내와 자녀의 생계를 책임지는 아버지

기계의 진화로 아내와 자녀도 일할 수 있게 되었다.
이에 따라, 가족의 형태도 달라진다.

과거에는 노동력의 가치가 가족 전체의 생존을 위한 필수 임금으로 정해졌다. 그러나 기계의 도입으로 아버지뿐만 아니라 어머니와 자녀까지 온 가족이 노동에 참여하게 되면서, 임금은 노동 당사자 개개인의 생존을 위한 수준으로 맞춰졌다. 즉, 기계 도입으로 인해 노동의 가치가 하락하고, 임금은 각 개인의 생존 수준으로 정해지게 되었다.

노동 단가가 큰 폭으로 변화했다

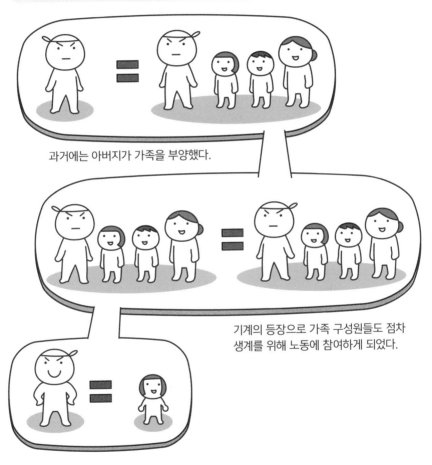

과거에는 아버지가 가족을 부양했다.

기계의 등장으로 가족 구성원들도 점차 생계를 위해 노동에 참여하게 되었다.

그 결과, 노동 단가가 하락하고, 가족 전체의 생계를 책임지던 노동의 가치가 가족 구성원 한 사람 수준으로 떨어지게 되었다. 이는 아동도 자신의 밥벌이를 해야 하는 상황을 초래했다.

09

기계는 노동자의 지위를 약화시킨다

기계의 도입은 노동력의 감소를 의미한다. 노동자의 일자리를 빼앗았고, 자본가에게는 노동자의 요구를 무시하는 무기가 되었다.

자본주의에서 기계는 주로 생산비용 절감을 목적으로 도입된다. 다시 말해, 노동자의 수고를 줄이기 위한 것이 아니라, 자본가의 이익을 극대화하기 위한 수단 중 하나일 뿐이다. 기계는 또한 파업을 억제하는 수단으로도 사용된다. 기계는 처우 개선을 요구하지 않으므로 자본가는 언제든지 노동자를 해고하겠다고 협박할 수 있다.

기계는 파업을 억제하는 무기가 된다

기계는 노동자의 노고와 위험을 줄일 수 있는 잠재력을 가지고 있지만, 자본주의적 방식으로 이용되는 한, 노동자에 대한 자본가의 지배력과 착취를 강화하는 방향으로 작용한다. 마르크스는 노동자들이 파업 등의 형태로 저항할수록 자본가들은 기계를 더욱 진화시킬 것이라고 경고했다.

자본가의 뜻대로 복종하는 노동자

일자리를 위협받고 무력해진 노동자들은 자본가에게 복종할 수밖에 없다.

그런 소리 하면 당신들부터 바로 해고야!

자본가는 노동자의 저항을 무력화하기 위해 기계를 더욱 발전시킨다.

10

기계에 일자리를 빼앗긴 노동자는 만성적인 빈곤에 시달리고 있다

19세기부터 오늘날까지 수많은 일자리가 기계에 의해 사라졌으며, 앞으로도 AI의 발전으로 많은 일자리가 사라질 것이다.

마르크스는 자본의 유기적 구성을 두 가지 유형으로 나누었다. 가치를 형성하고 가치의 크기를 변화시키는 노동을 '가변자본'이라고 하고, 가치가 변하지 않는 기계나 원자재 등을 '불변자본'으로 구분하였다. 자본가는 가변자본에서는 노동시간 연장이나 협업을 통해 많은 잉여가치를 얻으려고 하고, 불변자본에서는 절약으로 잉여가치를 얻으려고 한다.

가변자본은 혹사하고 불변자본은 절약한다

노동을 더 많이 시킴으로써
잉여가치를 증가시킨다.

기계와 원자재를 절약하여
잉여가치를 확보한다.

생산력 증대를 목적으로 기계화가 진행되면 결국 사람이 필요 없게 된다. 전체 자본에서 불변자본의 비중이 증가하고 가변자본이 감소하는 것을 '자본의 유기적 구성의 고도화'라고 한다. 19세기에도 인간의 일자리는 계속 기계에 의해 대체되었다. 1810년대 영국에서는 성난 노동자들이 기계를 파괴하는 '러다이트 운동'이 일어났다.

기계에 일자리를 빼앗기는 공포

영국에서 산업혁명이 한창이던 19세기 초, 방직기의 등장으로 일자리를 잃을 위기에 처했던 직물·편직 공업지대의 수공업 직인들이 일으킨 기계 파괴 운동이다.

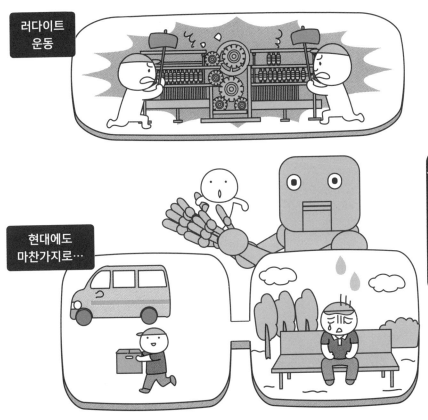

러다이트
운동

현대에도
마찬가지로…

앞으로 AI가 인간 사회에 더 많이 개입하게 되면 일자리를 잃는 노동자들이 늘어날 것으로 예상된다.

11

과학기술의 발달로
노동인구가 감소하고 있다

생산수단이 진화하면서 노동에 투자되는 자본이 감소하고 있다. 더 적은 노동자로
생산하는 것이 자본주의가 추구하는 길이기 때문이다.

기계설비의 발전과 생산성의 향상으로 예전보다 적은 수의 노동자로도 생
산이 가능해졌다. 이에 따라 생산수단과 노동력에 투입되는 자본의 비율이
달라지게 된다. 마르크스는 "처음에는 생산수단에 50%, 노동력에 50%가
투자되지만, 생산성이 높아짐에 따라 생산수단에 80%, 노동력에 20%가
투자된다."고 설명하며 이를 '자본의 유기적 고도화'라고 명명했다.

자본 투입 비율이 변화한다

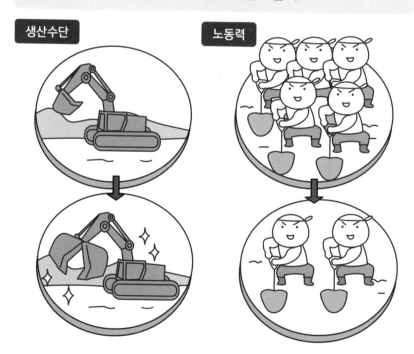

자본은 생산수단을 강화하고 노동력을 줄이기 위해 노력한다.

오늘날 정보화 시대에는 신산업의 등장으로 새로운 고용 기회가 발생하지만, 그 종사자 수는 기존 산업에 비해 압도적으로 적다. 앞으로 모든 산업에서도 이와 유사한 추세가 이어질 것으로 예상된다. 자본주의의 발전은 더 적은 인력 투입을 의미하며, 컴퓨터와 인공지능의 진화는 이러한 경향을 아주 분명하게 증명하고 있다. 이는 자본주의적 생산의 본질적 지향점이기도 하다.

AI가 미래의 노동을 바꿀 것이다

AI의 발달은 미래의 노동 현장을 크게 변화시킬 것으로 전망한다.

노동력은 줄어들고, 일자리를 둘러싼 노동자 간의 경쟁은 점점 더 치열해질 것이다.

실업자가 늘어날수록 자본가는 기뻐한다

'상대적 인구 과잉 = 산업예비군'은 세 가지로 나눌 수 있으며, 노동생산성이 높아질수록 증가한다.

자본가들은 실업자가 늘어날수록 기뻐한다. 산업예비군의 존재가 임금 인상을 억제할 것이기 때문이다. 산업예비군이란 실업 또는 준실업 상태에 있으면서 취업의 기회를 기다리는 노동자를 말한다. 이들의 존재는 노동자의 노동 조건을 저하시켜 경기 변동에 대응하는 역할을 한다.

생산성이 향상되어도 임금은 오르지 않는다!

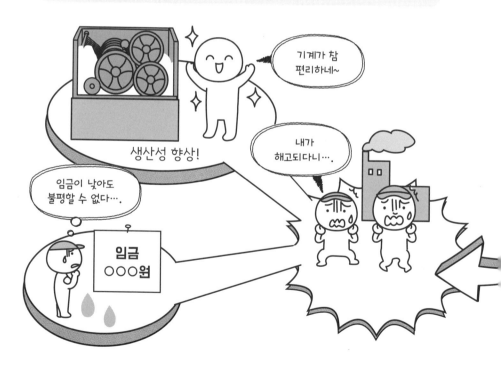

기계에 역할을 빼앗기는 등, 실업자 = 산업예비군이 넘쳐난다.

산업예비군은 단순히 인구가 증가한다고 해서 절대적으로 늘어나는 것이 아니다. 노동 생산성이 높아짐에 따라 상대적으로 증가하는 노동 인구를 의미한다. 상대적 과잉인구라고도 하며, 세 가지로 나뉜다. 공장, 광산, 제철소처럼 자본의 필요에 따라 흡수와 축출이 반복되는 '유동적 과잉인구', 도시에 흡수되기를 기다리는 농촌의 '잠재적 과잉인구', 비정규직으로 저임금에도 일하는 '정체적 과잉인구'가 있다.

상대적 과잉인구의 3가지 유형 = 산업예비군

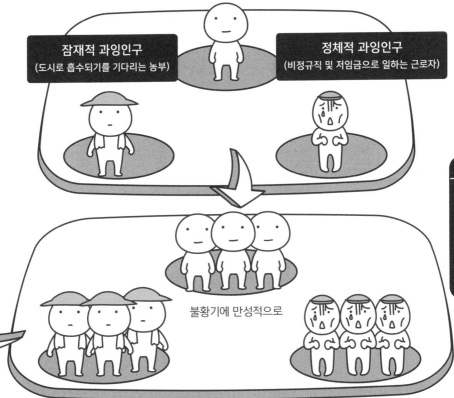

유동적 과잉인구(흡수와 축출이 반복되는 취업자)

잠재적 과잉인구
(도시로 흡수되기를 기다리는 농부)

정체적 과잉인구
(비정규직 및 저임금으로 일하는 근로자)

불황기에 만성적으로

공황기에 급성적으로

세 가지로 구분되는
상대적 과잉인구(= 산업예비군)는
불황기나 공황기에 증가한다.

13 죄는 기계 자체가 아닌 자본가의 사용 방식에 있다

기계가 노동자를 지배했다고 할 수 있지만, 마르크스는 그 책임이 기계 자체에 있는 것이 아니라 기계를 사용하는 자본가에게 있다고 믿었다.

기계의 발명과 보급으로 인해 노동자가 기계에 지배당하게 된 것은 사실이다. 그러나 마르크스는 기계 자체를 악으로 보지 않았다. 기계장치는 본래 노동자의 수고와 위험을 줄여주는 도구이다. 마르크스는 문제의 본질이 기계에 있는 것이 아니라 자본가가 자본주의적 방식으로 기계를 사용하는 데 있다고 주장했다.

기계는 죄가 없다

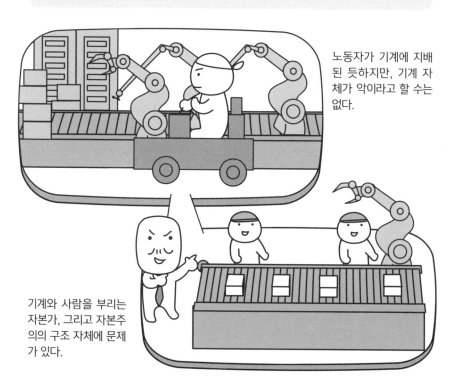

노동자가 기계에 지배된 듯하지만, 기계 자체가 악이라고 할 수는 없다.

기계와 사람을 부리는 자본가, 그리고 자본주의의 구조 자체에 문제가 있다.

마르크스는 19세기 소설가 찰스 디킨스의 『올리버 트위스트』에 나오는 살인마 빌의 대사를 인용해 자본가의 기계 사용법이 악하다는 것을 비유적으로 설명했다. "칼로 목을 베었다고 해서 칼이 나쁜 것은 아니다. 식탁에서 칼은 유용하고, 수술에서 메스 또한 유용하다." 이 주장은 칼을 기계로 대체해도 마찬가지이다.

유익한지 해로운지는 사용 방법에 따라 달라진다

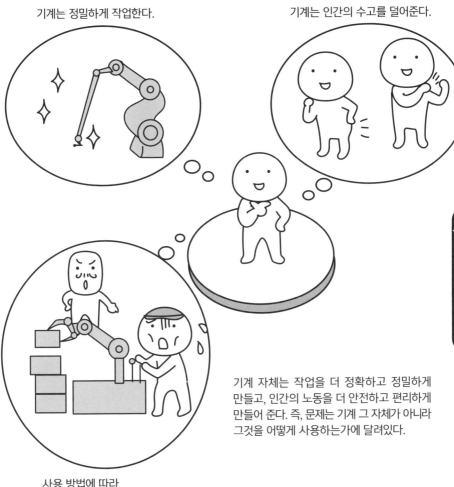

기계는 정밀하게 작업한다.

기계는 인간의 수고를 덜어준다.

기계 자체는 작업을 더 정확하고 정밀하게 만들고, 인간의 노동을 더 안전하고 편리하게 만들어 준다. 즉, 문제는 기계 그 자체가 아니라 그것을 어떻게 사용하는가에 달려있다.

사용 방법에 따라
기계는 악영향을 끼칠 수 있다.

도서관에서 경제학을 연구하며 『자본론』 집필을 시작하다

유럽의 각국을 전전하던 마르크스는 아버지의 회사 경영에 참여하게 된 엥겔스의 권유에 따라 영국 런던으로 망명했다. 마르크스의 본격적인 경제학 연구는 이때부터 시작되었다.

마르크스는 대영도서관에서 매일 8시간씩 많은 양의 책을 읽고 노트에 메모를 남겼다. 이러한 생활을 이어가면서 마르크스의 삶은 극도의 빈곤에 시달렸지만, 엥겔스의 지원 덕분에 연구를 구체화할 수 있었다.

연구의 성과로 출간한 『경제학 비판』은 『자본론』, 『공산당 선언』과 함께 마르크스의 3대 저서로 알려지게 되었다.

마르크스에게 경제학은 연구하면 할수록 새로운 쟁점들이 속속 등장하는 분야였다. 당초 『경제학 비판』은 6권으로 기획되었으나, 제2권 이후의 내용을 『자본론』으로 변경하여 총 4부작으로 계획했다. 그렇게 마르크스는 본격적으로 『자본론』을 집필하기 시작한다.

☑ KEY WORD

상대적 잉여가치

잉여가치를 높이는 방법의 하나로 필요노동시간을 단축함으로써 얻어지는 잉여가치를 의미한다. 이는 한정된 시간 내에 생산력을 향상하는 데 중점을 두고 잉여의 영역을 늘리는 방식이다.

☑ KEY WORD

착취의 확대

기계를 사용하면 생산력이 향상된다는 장점이 있지만, 여성과 아동이 노동 현장에 투입될 수 있다는 단점도 있었다. 이는 노동자 인구가 증가하고 임금이 하락한다는 것을 의미한다.

☑ KEY WORD

자본의 유기적 구성

마르크스는 자본을 가변자본과 불변자본이라는 두 가지 유형으로 구분했다. 가변자본은 가치를 형성하고 그 크기를 변화시키는 노동을 말하며, 불변자본은 기계나 원자재처럼 가치가 변하지 않는 자본을 의미한다. 기계화로 인해 불변자본의 비율이 높아지면서 자본의 유기적 구성이 고도화되었다.

☑ KEY WORD

산업예비군

실업자 또는 준실업 상태로 취업 기회를 기다리는 노동자를 지칭하는 용어이다. 이들은 인구 증가에 따라 절대적으로 늘어나는 것이 아니라, 노동생산성 향상에 따라 상대적으로 증가하는 노동 인구에 해당한다.

Chapter 7

Capital:
A Critique of
Political Economy

자본주의 사회의
불합리한 구조

자본주의 사회는 완벽하지 않다.
어떤 결함이 있는지 알아보자.

시대가 변하면서 자본주의 사회에서 자본가와 노동자의 관계도 점차 변화한다. 이 장에서는 자본의 가치를 창출하기 위해 노동자가 어떻게 변화해 왔는지, 그 변화로 인해 어떤 가치관이 형성되었는지를 설명한다.

모두가 자본주의에 휩쓸려간다

처음에는 형식적으로만 자본주의 사회에 참여했던 사람들도 점점 더 실질적으로 그 구조에 편입되었다.

먼저, 노동은 자본에 의해 형식적으로 포섭된다. 노동자는 자본가에 의해 공장에 모이고 자본가의 지시에 따르기는 하지만, 여전히 자신의 노동 과정에 대한 일정한 자율성을 갖는 상태이다. 마르크스는 이를 '형식적 포섭'이라고 표현했다. 그러나 기계화된 생산 설비의 도입으로 노동자는 자본가가 설정한 생산 과정에 철저히 종속되며 기계와 시스템에 의해 모든 측면이 관리되고 통제된다. 마르크스는 이를 '실질적 포섭'이라고 불렀다.

형식적 포섭이란?

자율적으로 일하던 노동자들이 자본주의가 발전하면서 자율성을 잃고 기계 부속품처럼 되어갔다.

그렇다면, 형식적 포섭이 실질적 포섭으로 바뀌면 노동자는 어떤 상태에 이르게 될까? 처음에는 노동자가 자본가의 지시에 수동적으로 따르는 정도였지만, 시간이 지나면서 노동 계급층은 자본가에게 협조하며 잉여가치 생산에 적극적으로 참여하게 된다. 자본주의 생산관계 속에 깊이 편입된 노동자가 자본의 논리에 종속되어 자신을 착취하는 상대에게 적극적으로 협력하는 수준까지 이르는 것이 '실질적 포섭'의 '실질적' 근거이다.

실질적 포섭이란?

노동자 스스로 가치증식에 적극적으로 임하게 되었다.

02 많은 노동자가 함께 일하는 협업이 시작되었다

자본주의 사회에서는 대규모 공장이 세워지고 많은 사람이 한 장소에서 일하기 시작했다.

자본주의 사회에 돌입하면서 사람들이 일하는 방식이 극적으로 바뀌었다. 큰 변화 중 하나는 많은 사람이 한곳에 모여서 일하게 되었다는 점이다. 자본주의 사회에서는 대규모 공장들이 세워졌고, 많은 사람이 그곳에서 일하기 시작했다. 이는 여러 면에서 중요한 변화를 불러왔다. 첫째, 비용을 절감할 수 있다. 여러 사람이 도구와 재료를 교대로 사용하면 도구를 각자 구매할 필요가 없고, 이는 생산비용을 줄이고 이윤을 증가시키는 효과로 이어졌다.

자본주의는 일하는 방식을 크게 바꾸어 놓았다

자본주의 이전 사회에서는 소수의 직인이 주인 밑에서
일하며 소규모로 물건을 만들었다.

자본주의 사회에서는 대규모 공장에 많은 사람이 모여서 일하게 되었다.
사람들이 도구를 공유하면서 비용을 절감할 수 있다.

둘째, 협업의 장점이 확장되었다. 마르크스는 여러 노동자가 동일한 생산 공정 또는 연관된 생산 공정에 체계적으로 협력하여 일하는 것을 협업이라고 정의했다. 공장에서 제품을 만드는 일은 협업의 대표적인 예이다. 협업은 노동자들이 각자의 힘을 산술적으로 더하는 것 이상의 생산성을 발휘하게 한다. 동료와의 협력과 경쟁을 통해 혼자 일하는 것보다 더 큰 생산성을 발휘할 수 있기 때문이다.

협업을 통해 더 큰 힘을 발휘한다

많은 사람이 동일하거나 연관된 생산 공정에 참여하여 일하는 노동 형태를 '협업'이라고 한다.

노동자들이 서로 협력하고 경쟁할 때 생산성이 높아진다. 이것이 협업의 이점이다.

03

협업을 통해 이득을 보는 사람은
노동자가 아니라 자본가이다

협업은 노동자의 생산성을 높일 수 있지만, 협업을 통해 이익을 얻는 것은
노동자가 아니라 자본가이다.

노동자는 협업을 통해 큰 역량을 발휘한다. 공장에 좋은 설비가 있어도 그
자체만으로 생산성이 높아지지는 않는다. 사람들이 협력의 형태로 서로 돕
고 경쟁의 형태로 서로를 자극하는 과정에서 생산성이 향상한다. 마르크스
는 이러한 단결력에 주목했다. 그는 10명이 협업할 때 그 단결력으로 인해
10명분 이상의 힘이 발휘된다고 보았다.

협업하면 총인원수 이상의 더 많은 힘이 발휘된다

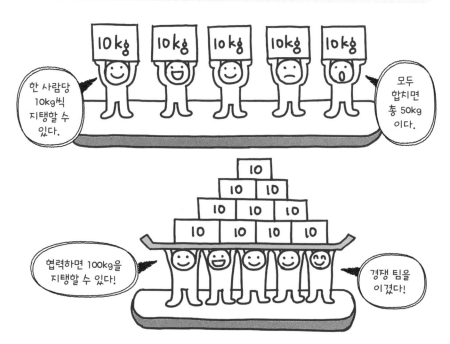

협력을 통해 한 사람 한 사람의 힘을 합친 것 이상의 힘을 발휘할 수 있게 된다.

이렇듯 협업은 노동자들이 개별적으로 일할 때보다 훨씬 더 높은 생산성을 발휘하게 하지만 생산성 향상의 성과는 대부분 자본가에게 귀속된다. 노동자들이 협업을 통해 생산성을 높이면 자본가의 수익이 늘어난다. 수익이 증가해도 기업이 노동자에게 지급하는 급여는 이전과 동일하다. 따라서 자본가는 더 큰 이익을 얻게 된다. 이 이익도 상대적 잉여가치의 일종이다.

협업으로 늘어난 이익은 자본가의 것이다

협업을 통해 업무 생산성이 높아져도 기업이 노동자에게 지급하는 임금은 변하지 않는다. 협업으로 이익을 얻는 사람은 노동자가 아니라 자본가이다.

04 협업으로 막대한 잉여가치를 획득하는 사람은 자본가이다

협업을 통해 잉여가치를 창출하는 방법은 수없이 많지만, 그 어떤 것도 노동자에게는 이익이 되지 않는다.

많은 노동자가 협력하는 협업을 통해 100% 이상의 힘을 발휘할 수 있다. 100명의 노동자가 협업하면 120명, 150명분의 성과를 낼 수 있지만 결합한 노동력의 가치에 상응하는 임금은 지급되지 않는다. 노동자는 자신의 노동력을 기업에 팔지만, 기업이 사는 것은 결합한 노동력이 아니라 개별 노동력이기 때문이다.

기업은 개별 노동력에 대한 비용을 지불한다

노동자는 자신의 노동력을 팔고, 자본가는 그것을 산다. 노동자가 팔 수 있는 것은 자신의 노동력뿐이기 때문에 협업으로 증가한 능력은 임금에 반영되지 않는다.

기업은 성과에 상응하는 급여를 지급하지 않음으로써 잉여가치를 얻는다. 자본가가 잉여가치를 얻는 다른 방법으로는 '노동시간 증가'와 '필요노동시간(임금 상당의 노동시간) 단축' 등이 있다. 이러한 방법 중 어느 것도 노동자에게 이득이 되지 않으며 혜택을 보는 것은 기업 측이다. 협업을 통해 큰 이익을 얻는 것은 자본가뿐이다.

협업을 통해 이익을 얻는 사람은 자본가이다

05

단순 작업이 늘어날수록 노동력의 가치는 하락한다

자본주의 사회에서는 분업이 심화하면서 작업이 단순화된다. 누구나 할 수 있는
작업이므로 임금은 하락한다.

자본주의 사회에서 많은 사람이 모여 일하게 되면 분업화가 진행된다.
기계 설비나 장비 등을 사용하므로 단순 작업이 늘어난다. 또한 매뉴얼이
나 표준 작업(효율적인 작업 방법)이 마련되기 때문에 초보자도 문제없이 할
수 있는 일이 많아진다. 마르크스는 이러한 경향을 숙련노동의 해체와 노
동력 가치의 평가절하라고 지적했다.

분업화가 진행되면 숙련노동이 해체된다

다수가 작업에 참여하면 분업이 일어나고 작업 수준이 단순해진다.
매뉴얼을 보면 누구나 작업 가능하다.

자본주의적 생산양식이 가져온 단순 작업은 누구나 할 수 있기 때문에 숙련노동자의 필요성이 줄어든다. 자본가는 생산 공정의 세분화와 기계화를 통해 임금이 높은 숙련노동자를 저임금 비숙련노동자로 대체하고자 한다. 작업의 효율성이 높아지고 단순 작업이 늘어날수록 해당 업무에 지급되는 임금은 감소한다.

고임금 숙련노동자들이 일자리를 잃다

단순 작업에는 숙련된 기술이 필요하지 않기 때문에 고임금 숙련노동자는 직장에서 쫓겨나고, 그 자리를 저임금 비숙련노동자가 대체한다.

06

자본이 축적되어도
노동자는 궁핍할 수밖에 없다

자본의 이익을 우선시하는 사회에서는 기업이 이윤을 내도 노동자는 부유해지지
않는다. 빈부격차가 벌어지는 이유는 무엇일까?

일반적으로 기업이 성공하고 이익을 얻으면 그 기업에 소속된 노동자도
부유해진다고 생각하기 쉽다. 하지만 현실적으로 대다수 자본주의 국가에
서 빈부격차가 지속적으로 확대되고 있다. 마르크스는 자본이 축적될수록
노동자의 처지는 악화하는 현상을 '궁핍화 법칙'이라 명명하며, 자본가 계
급은 '부의 축적', 노동자 계급은 '빈곤의 축적'이 필연적으로 초래된다고
설명했다.

빈부격차가 생기는 이유는 무엇인가?

빈부격차가 확대되고 계층이 고착화되는 원인은 다음과 같다.

✎ 계급 구조

자본주의 사회는 생산수단을 소유한 자본가 계급과 생
산수단을 소유하지 못하고 자신의 노동력을 팔 수밖에
없는 노동자 계급으로 나뉜다. 자본가는 노동자가 생산한
잉여가치를 착취하며 이로 인해 계급 격차가 발생한다.

✎ 신자유주의화

1980년대 이후 선진 자본주의 국가에서는 신자유주의
정책이 도입되면서 자본 활동에 대한 제약(규제)이 사라
졌다. 그 결과 유럽과 미국, 일본에서도 빈부격차가 확대
되었다.

✎ 고용 불안정화

신자유주의화의 영향으로 노동자를 보호하기 위해 고
안된 법령과 관습이 철폐되면서 노동자의 고용은 불안
정해지고 임금은 낮아졌다.

✎ 금융 자본주의화

신자유주의화와 세계화가 진행되면서 금융 자본에 권력
이 집중되었다. 실물경제에서 벗어나 금융 투자로 돈을
버는 소수의 사람이 있는 반면, 중산층 노동계급은 몰락
하고 있다.

세계화가 진행되면서 생산 거점의 국외 유출과 이민 노동력의 이용이 늘어났다. 둘 다 '값싼 노동력'을 찾는 자본의 욕망에 따른 흐름이다. 노동자는 열악한 조건에서도 일하고 싶어 하는 다른 노동자와 경쟁할 수밖에 없고, 자본가는 '저임금에도 일하려는 노동자는 얼마든지 있다'며 임금을 올리지 않는다.

경영자가 임금을 인상하지 않는 이유

해외에서는 열악한 조건에서도 일하려는 사람들이 있기 때문에 현재 고용된 노동자의 임금은 오르지 않는다.

07

노동자 스스로 목을 조르는 것과 같다

노동자의 요구가 충족되어 임금이 상승한다 해도 자본가와 노동자의 관계는 변하지 않는다. 노동자는 계속 자본가에게 종속된다.

공황으로 실업자가 많은 상황에서는 노동자의 임금 인상 요구가 잘 받아들여지지 않는다. 그러나 경제 호황으로 실업자 수가 감소하고 노동력 부족이 발생하면, 자본가는 노동자를 유치하기 위해 임금을 인상할 수밖에 없다. 그래서 임금이 오르면 자본가와 노동자의 관계가 달라질까? 임금이 약간 오른다고 해도 자본가와 노동자의 관계는 변하지 않는다.

노동력이 부족하면 임금이 인상된다

경기 침체기에는 일자리가 줄어들고 노동자의 임금이 내려간다. 경기 호황기에는 일자리가 늘어나고 노동력이 부족해진다. 노동자를 확보하기 위해 자본가는 임금을 인상한다.

자본주의의 기본 구조는 노동자가 더 많이 일할수록 자본에 의해 지배당하는 구조이다. 노동자가 일을 하면 할수록 더 큰 자본이 축적되어 노동자를 지배하는 것이다. 임금이 올라도 노동자가 자본가의 자본 증식 도구라는 사실은 변하지 않는다. 즉, 자본주의 사회에서는 자본에 의해 쫓겨나는 노동자가 항상 존재한다.

자본가와 노동자의 관계는 변하지 않는다

임금이 올라도 자본가의 자본 증식을 위해 이용당하는 노동자의 처지는 달라지지 않는다. 오히려 노동자가 더 많이 일할수록 자본의 권력은 더욱 강해진다.

08 노동자들끼리 경쟁하며 서로를 위협한다

일한 작업량에 따라 임금이 지급되는 성과급은 장점도 있지만 임금 수준이
낮아질 위험도 있다.

노동자가 받는 임금에는 시간당 임금(시간급) 외에도 성과급이 있다. '이
만큼의 일을 하면 이만큼의 금액을 지급한다'는 식으로 노동자가 일한 작
업량에 따라 임금이 결정되는 형태이다. 자본주의는 성과급에 대해서 '노
동자들 사이의 경쟁심을 고취한다', '노동자의 자유노동 방식을 촉진한다',
'노동자의 독립심을 증진한다' 등의 장점이 있다고 선전한다.

임금에는 시간급과 성과급이 있다

'노동시간 1시간당 ○○원을 지급한다'는 식의 시간급과 달리, 성과급은 '상품 1개를
만들 때마다 ○○원을 지급한다'와 같이 작업량에 따라 임금이 지급된다.

마르크스도 성과급제의 장점을 일부 인정하지만, 동시에 노동자의 임금 수준을 낮출 위험이 있다고 경고했다. 노동자 간의 경쟁 과정에서 예를 들어, 기존에 6시간이 걸리던 제품을 4시간 만에 만들었다고 가정해 보자. 만약 그 속도가 새로운 표준이 된다면, 자본가는 '제품 생산량이 늘어났으니, 임금을 올려주자'고 생각하는 것이 아니라, 제품 개당 투입 임금을 삭감할 위험이 있다.

임금 수준을 낮출 위험도 있다

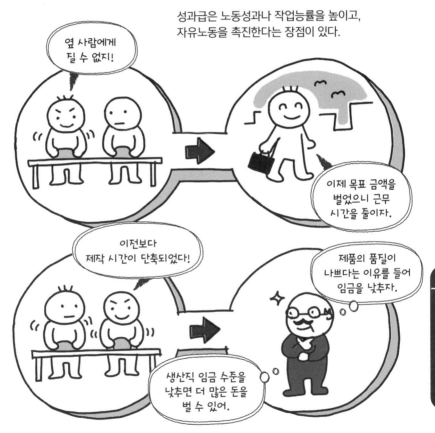

성과급은 노동성과나 작업능률을 높이고, 자유노동을 촉진한다는 장점이 있다.

성과급은 노동자들을 부추겨 생산성 향상 경쟁에 끌어들인다. 마르크스는 성과급이 자본주의에 가장 적합한 임금제라고 지적한다. 즉, 자본가에게 유리한 임금 형태라는 의미이다.

노동자 스스로 자본가의 대변인이 된다

자본가에게 유리한 것들로 가득 찬 자본주의 사회. 그 대표적인 형태가 부르주아 이데올로기이다.

부르주아지는 유산계급을 지칭하는 용어로, 쉽게 말해 자본가를 뜻한다. 그 반대편에는 노동자와 무산계급을 지칭하는 프롤레타리아트가 있다. 자본가의 재산은 눈덩이처럼 불어날지 모르지만, 노동자의 임금은 눈덩이처럼 불어나지 않는다. 소수의 자본가만이 달콤한 꿀을 빨 수 있는데 왜 자본주의 사회는 유지되는 것일까?

자본가를 대변하는 노동자

자본주의 사회에서 태어나고 자란 노동자에게 자본가의 지배는 이제 당연하게 되었다. 자본주의 체제가 공고화되면서 노동자의 사회적 견해마저도 자본가에게 유리한 부르주아 이데올로기의 영향을 받는다. 그 결과 노동자는 자신을 착취하는 자본가의 대변자가 되어버렸다.

뼈를 깎는 심정으로
『자본론』 집필에 전념하다

마르크스는 경제학 연구와 사회학적 분석에 몰두하며 극
도로 가난하고 어려운 삶을 살았다. 『자본론』을 완성하기
위해 끝없이 고뇌하며 정신적으로 피폐해졌다. 그 결과, 출
판이 상당히 지연되었다. 그의 절친한 지지자로 꾸준히 연
구비를 지원해 온 프리드리히 엥겔스조차도 집필 속도와
결과물에 불만을 표하며 독촉했다고 한다. 그도 그럴 것이,
『경제학 비판』이 출간된 지 7년이 지나서야 『자본론』 제1
권이 원고 정리 단계에 겨우 도달했기 때문이다.

본격적으로 『자본론』을 집필하기 시작한 지 1년 후, 마침
내 『자본론』 제1권을 출판하게 되었다. 마르크스 생애의
중요한 산물 중 하나로 꼽히는 이 책은 자본주의 비판과
사회적 분석에 중요한 기초를 제공했으며 현대 사회학과
경제학에 커다란 영향을 미친 것으로 인정받고 있다.

이후 마르크스는 제2권 집필에 착수했으나, 완성을 눈앞에
두고 1833년에 사망하게 된다. 그는 생애 마지막 순간까지
의자에 앉아 있었다.

☑ KEY WORD
형식적 포섭

자본가가 공장에 사람을 모아 자신의 지시하에 노동력을 사용하는 방식을 가리키는 용어. 마르크스는 노동 방식의 세부 사항까지 지시하지 않는 상황을 형식적인 것으로 보았다.

☑ KEY WORD
실질적 포섭

자본가의 지시에 소극적으로 따르던 노동계급층은 시간이 흐르면서 자본가와 협력하여 잉여가치 생산에 참여하기 시작했다. 마르크스는 노동자가 자신을 착취하는 자본가에게 적극적으로 협력하는 모습을 실질적 포섭이라고 표현했다.

☑ KEY WORD
숙련노동의 해체

많은 사람이 모여 일을 하면 분업화가 이루어진다. 또한 기계화가 진행됨에 따라 단순 작업이 늘어나고 효율적인 작업 방법도 매뉴얼로 제작되어 초급 비숙련자도 쉽게 내용을 소화할 수 있다.

☑ KEY WORD
궁핍화 법칙

마르크스가 『자본론』에서 주창한 법칙 중 하나. 자본주의의 발전과 함께 자본은 이윤을 축적하지만, 노동계급의 노동조건, 생활 수준, 환경은 악화한다는 법칙이다.

Chapter 8

Capital:
A Critique of
Political Economy

자본주의의 미래는
혁명이다

소규모 자본으로 시작한 자본주의 사회는 자본가들 간의 경쟁으로 흡수·합병이 수없이 이루어졌다. 이 과정에서 막대한 자본이 형성되었고, 이제 자본주의 사회는 한 나라에 국한되지 않고 전 세계로 확산했다. 이 장에서는 자본주의의 미래에 대해 고찰해 보자.

자본주의의 시작과 폭력

막대한 부를 축적한 자본주의. 그 시작을 살펴보면 참혹한 '폭력'의 장면이 펼쳐져 있었다.

오늘날의 자본주의 경제는 많은 돈과 노동력을 한곳에 모아 대규모로 상품을 생산하고 시장에서 대량으로 판매하여 자본가가 막대한 이윤을 얻는 구조로 이루어져 있다. 이런 방식으로 자본이 점차 쌓여가는 것을 '자본 축적'이라고 한다. 이러한 경제 체제는 어떻게 시작되었을까? 마르크스는 근대 자본주의를 탄생시킨 최초의 자본 축적을 '본원적 축적'이라고 명명했다.

14세기의 영국

14세기에 영국의 농부들은 노예 제도에서 벗어나 자영농이 되었다.

본원적 축적의 계기는 인클로저 운동이었다. 인클로저 운동은 농지를 모직물 원료인 양모 생산용 목초지로 전환하기 위해 농부들을 토지에서 폭력적으로 퇴거시킨 과정을 말한다. 이로 인해 많은 농민이 생산수단을 잃고, 자본가의 공장에서 노동자로 일하는 존재로 전락했다. 결론적으로 자본주의의 기원은 폭력이었다.

16세기에 인클로저 운동이 일어났다

농지에서 폭력적으로 쫓겨난 농민은 도시로 유입되어 노동자가 되었다.

02 쫓겨난 사람들

국가는 도시로 몰려든 농민들을 채찍질하여 '노동자 계급'으로 만들었다.

16세기 영국에서는 '인클로저 운동'으로 수많은 농민이 토지에서 쫓겨나 도시로 몰려들었다. 그들은 진정으로 '이중의 자유'를 누리는 존재로서 최초의 노동자가 되었다. 산업자본주의는 공장노동자들의 존재를 전제로 하여 시작되었으며 땅에서 쫓겨난 이들 없이는 이루어질 수 없었다.

농지에서 쫓겨난 농민들이 도시로 대거 유입되다

농지를 잃은 자영농들은 몰락하여 거지, 도적, 부랑자로 전락했다.

토지와 인간의 분리로 쫓겨난 농민들은 공장 노동에 적응하기가 어려웠다. 일자리를 잃고 부랑자가 된 이들에게 국가는 '피의 입법'을 실시하여 채찍질하고, 낙인을 찍고 심지어 처형하는 등 가혹한 처벌을 단행하여 노동자로 만들었다. 그에 더해 임금의 상한선을 정하고 노동자의 단결권을 박탈함으로써 자본가를 적극 지원했다.

국가가 '피의 입법'을 실시하다

국가는 강제로 농민을 공장 노동자로 만들었다.

공장 노동에 적응하지 못해 부랑자가 된 농민들은 매서운 탄압 아래 채찍질을 당하거나 귀를 잘리는 등 가혹한 처벌을 받았다. 때에 따라서는 사형에 처하기도 했다.

03 자본 경쟁과 자본 집중

하나의 거대 기업이 출현하기까지 수많은 기업이 도산했다. 지금도 소수의 자본가에 의한 독점이 진행되고 있다.

자본주의의가 탄생하고 발전하면서 사회적으로 2가지 경향이 명확해졌다. 첫째, 다수의 작은 소유가 소수의 큰 소유가 되었다. 둘째, 작은 소유를 빼앗긴 사람들이 대거 노동자가 되었다. 이러한 경향은 자본가에게도 예외 없었다. 마르크스는 "한 명의 자본가가 항상 많은 자본가를 몰락시킨다."고 언급하였다. 이는 지금까지 수많은 자본가와 기업이 경쟁에서 패배하여 사라졌음을 의미한다.

자본주의가 성립하려면

① 다수의 작은 소유가 소수의 큰 소유가 된다.

② 작은 소유를 빼앗긴 사람들이 대거 노동자가 된다.

초기에는 다양하고 많은 기업이 존재했지만 생존 경쟁 끝에 흡수, 합병, 파산 등을 반복하면서 결국 하나의 거대 기업이 남게 되었다. 자본 간 경쟁에 어떠한 제약이 없다면 세계 시장에서도 같은 패턴이 반복될 것이다. 이는 자본 경쟁과 자본 집중이 자본주의 사회의 숙명임을 의미하며, 이러한 과정을 독점자본의 형성이라고 한다. 마르크스는 100여 년 전에 이미 거대 독점기업의 출현을 예견했다.

글로벌 독점 기업

기업들도 흡수, 합병, 파산을 반복하며 결국 하나의 거대 기업만 남게 된다.

04 세계적 규모로 확대되는 자본

마르크스는 자본주의 체제가 전 세계로 확대될 것을 예견했다.

자본의 증식 운동에는 어떠한 제약도 없다. 따라서 자본주의는 모든 규제를 철폐하고 국경을 넘어 확장하고자 한다. 마르크스는 자본주의 발전을 방임할 경우 국경 없는 경제와 세계화 같은 현상이 필연적으로 나타날 것이라고 예견했다.

마르크스는 세계화를 예견했다

세계화의 직접적인 기원은 소련을 비롯한 동구권 사회주의 국가들의 체제 붕괴와 중국의 세계 시장 진출이었다. 이는 사회주의 정치와 경제 체제의 교착상태로 인한 결과이기도 하지만, 동시에 세계 자본주의가 새로운 자본 축적의 공간을 확보하고 생존하기 위한 전략이기도 했다.

중국과 러시아는 새로운 자본 축적 공간이다

05 자본주의의 위기

마르크스는 자본주의 사회에서 공황은 불가피한 현상이라고 믿었다.

마르크스는 공황이 자본주의에 내재한 근본적인 모순이며 자본주의의 붕괴를 초래할 것이라고 예상했었다. 그러나 일정한 간격을 두고 되풀이되는 공황의 원리를 고찰한 결과, 공황은 자본주의가 다음 단계로 나아가기 위한 과정이며 주기적으로 발생하는 현상임을 깨달았다. 그는 공황이 발생할 때 노동자는 고통받지만, 자본가는 이를 이용하여 자신의 이윤을 증가시킨다고 말했다.

공황은 반복해서 일어난다

공황은 경제 순환 현상이며 주기적으로 발생한다.

마르크스는 공황의 근본 원인이 자본가가 이윤을 극대화하기 위해 노동자를 저임금으로 착취하는 데 있다고 믿었다. 자본가가 생산력을 높여 상품을 대량 생산하더라도 노동자는 임금이 적어서 소비가 충분히 이루어지지 않고, 그 결과 공황이 발생한다고 분석했다. 다시 말해, 공황은 과잉생산이나 과소소비가 원인이 된다.

공황은 자본가의 탓일까?

경제 상황이 악화하면 공황이 도래한다.

06 자본주의의 종말을 알리는 종이 울린다

마르크스는 자본과 노동자 사이의 격차가 커지면 프롤레타리아 혁명이 일어날 것이라고 믿었다.

자본주의가 발전함에 따라 기업은 거대해지고 세계화하며 자본의 독·과점이 진행된다. 마르크스는 이러한 자본주의 발전의 궁극적인 상황 너머에서 혁명이 기다리고 있다고 예견했다. 자본이 소수의 자본가에게 축적됨에 따라 노동계급의 빈곤도 더욱 누적되고 불평등이 확대된다. 그러나 동시에 수많은 노동자가 조직화하여 반항의 움직임도 격렬해진다. 그렇게 '자본주의 사적 소유의 종말을 알리는 종소리가 울린다'는 것이다.

자본의 축적

자본은 하나의 거대 기업에 축적되고, 격차는 점점 더 커진다.

회사는 돈을 벌고 있는데 내 삶은 전혀 나아지지 않고 있다.

자본주의 사적 소유의 종말을 알리는 종소리가 울리면, 민중이 봉기하여 소수의 독점 자본가로부터 부를 되찾고 노동자 중심의 사회를 실현할 것이다. 이 예측이 맞다면 먼저 영국에서 노동자 혁명이 일어날 가능성이 높았지만, 실제는 그렇지 않았다. 역사적으로 사회주의를 표방한 체제들이 잇달아 붕괴했지만, 자본주의가 위기에 처해 있다는 사실은 변함이 없다.

자본주의의 종말

자본가의 착취를 막기 위해 노동 운동이 격렬해진다.

흩어진 노트를 모아
마르크스의 연구를 구체화한
프리드리히 엥겔스

현재『자본론』은 총 3권으로 구성되어 있다. 그러나 마르
크스는 제2권을 집필하는 도중에 사망했다. 그렇다면 제2
권과 제3권을 완성한 이는 누구일까?

엥겔스는 마르크스가 남긴 메모와 노트를 바탕으로 제1권
은 1867년, 제2권은 1885년, 제3권은 1894년에 출간했다.
출간 연도를 살펴보면,『자본론』이 3권의 구성으로 완성되
기까지 상당한 시간이 걸렸음을 알 수 있다.

그 이유는 마르크스가 남긴 방대한 메모에 있었다. 마르크
스는 중요한 메모를 온갖 곳에 남겼을 뿐만 아니라, 그의
필체는 절친한 친구인 엥겔스조차도 읽기 어려울 정도로
심각한 악필이었기 때문이다.

마르크스가 남긴 메모와 노트를 해독하는 데 상당히 고전
한 엥겔스는 거의 10년에 걸쳐『자본론』제2권과 제3권을
출간했다. 따라서『자본론』은 진정한 의미에서 마르크스와
엥겔스의 공동 저작이라고 할 수 있다.

용어해설 KEYWORDS

☑KEY WORD
본원적 축적

현재의 자본주의 경제는 막대한 자본과 노동력을 한곳에 모아 대량 생산하고 대량 판매하는 시스템을 통해 자본가가 엄청난 이윤을 얻도록 구성되어 있다. 이러한 시스템을 만들어 낸 최초의 자본 축적을 일컫는 말이다.

☑KEY WORD
토지와 인간의 분리

인클로저 운동으로 토지와 생계 수단을 잃은 농민들이 도시로 대거 몰려왔고 자본주의 사회에서 최초의 노동자가 되었다. 자본주의의 시작은 폭력과 강제적 분리에 의해 이루어졌다.

☑KEY WORD
독점 자본

자유경쟁 시장에서 수많은 기업이 흡수와 합병을 거듭하여 결국 하나의 거대 기업만 남게 된다. 마르크스는 자본주의 발전의 궁극적 형태를 독점 자본으로 묘사했다.

☑KEY WORD
세계화

자본주의 사회의 최종 형태. 세계 GDP, 무역액 및 금융 자산은 빠르게 확장되었다. 이를 뒷받침한 것이 IT 혁명과 금융 혁명의 결합으로 탄생한 세계화이다. 그 결과 세계의 분업체제는 급격히 변화했다.

카를 마르크스 연표

연도	나이	업적
1818년	0세	독일 프로이센 왕국에서 유대인 변호사였던 아버지 하인리히와 네덜란드 출신의 유대인 어머니 헨리에트의 셋째 아이로 태어났다.
1824년	6세	유대인 공직 추방령으로 인해 유대교에서 개신교로 개종.
1830년	12세	프리드리히 빌헬름 김나지움에 입학.
1835년	17세	본대학교 입학.
1836년	18세	귀족 출신으로 어린 시절부터 친하게 지내던 예니 폰 베스트팔렌과 약혼. 본대학교에서 베를린대학교로 편입하여 법학과 헤겔 철학을 공부한다.
1841년	23세	「데모크리토스와 에피쿠로스 자연철학의 차이」라는 논문으로 예나대학교에서 철학 박사 학위를 받았다.
1842년	24세	라인 지방의 「라인 신문」 편집자로 참여하다.
1843년	25세	「라인 신문」의 편집장직에서 해고되다. 약혼녀 예니와 결혼하여 파리로 이주.
1844년	26세	「독불연감」을 발행. 엥겔스를 만나 돈독한 파트너가 되었고 『성가족』을 공동 집필한다.
1845년	27세	과격한 발언 탓에 파리에서 추방당한다. 가족과 함께 벨기에의 수도인 브뤼셀로 이주.
1847년	29세	마르크스와 엥겔스는 독일 공산주의 조직인 '정의자 동맹'에 가입한다. 나중에, '공산주의 통신위원회'와 합동으로 '공산주의자 동맹'으로 개칭. 마르크스와 엥겔스는 동맹의 의뢰를 받아 『공산당 선언』을 집필한다.
1848년	30세	『공산당 선언』 출간. 프랑스 2월 혁명과 독일 3월 혁명의 영향으로 프랑스와 독일을 오가며 활동했다. 독일에서 「신·라인 신문」 창간.
1849년	31세	마르크스와 엥겔스는 각각 런던으로 망명. '공산주의자 동맹'의 조직화에 힘쓴다.

연도	나이	업적
1850년	32세	런던 대영박물관 도서관에서 경제학을 공부하며 집필 활동에 전념.
1851년~52년	33~34세	'공산주의자 동맹'에 대한 탄압 재판에 맞서 싸우다 동맹을 해산한다.
1857년	39세	경제학에 관한 그의 첫 번째 저작인 『정치경제학 비판 요강』 초고 작성.
1859년	41세	『경제학 비판』 출간.
1861~63년	43~45세	『경제학 비판』 속편 초고 집필.
1864년	46세	'국제노동자협회(노동계급 최초의 국제조직)'가 결성되고, 집행위원회 위원으로 선출되다. 「창립선언」 초안 작성.
1865년	47세	'국제노동자협회' 총평의회에서 연설.
1867년	49세	『자본론』 제1권 초판 출간.
1870년	52세	프로이센-프랑스 전쟁 발발
1871년	53세	프랑스 패전. 파리 코뮌(노동자계급을 주축으로 한 민중 혁명 정권)이 봉기했고, 정부군에 의한 탄압이 시작된다. 마르크스는 파리 코뮌을 높이 평가했다. 『프랑스 내전』 출간.
1875년	57세	독일 사회주의 동맹의 라살파와 아이제나흐파가 '독일 사회주의 노동자당'을 결성. 마르크스는 이 당의 「고타 강령」을 비판하며 「고타 강령 비판」을 노동자들에게 보내는 서한 형태로 집필했다.
1883년	64세	3월 14일 런던 자택에서 사망.
1885년		『자본론』 제2권, 엥겔스 출판.
1894년		『자본론』 제3권, 엥겔스 출판.
1895년		엥겔스 74세의 나이로 사망.

자본에 짓밟히지 않는
풍요로운 삶을!

『마르크스 자본론』을 끝까지 읽어주셔서 감사합니다.

『자본론』제1권은 1867년에 출간되었습니다. 일본에서는 '좌막^{佐幕}인가, 아니면 도막^{倒幕}인가'를 두고 막부군과 메이지 신정부군이 본격적으로 싸우던 시대에 마르크스는 이미 자본주의 사회에서 발생하는 모순에 대해 비판하고 있었습니다.

메이지, 다이쇼, 쇼와 시대를 거치며 일본은 자본주의 사회를 비약적으로 발전시켰습니다. 하지만 마르크스가 지적했던 문제들, 장시간 노동과 과로로 인한 사망 등 노동과 관련된 다양한 문제들은 여전히 해결되지 않고 있습니다.

중요한 것은 '문제를 해결하는 것'이 아니라 '문제를 깨닫는 것'입니다. 『마르크스 자본론』을 알게 된 당신이라면, 매출 압박에 사로잡혀 병에 걸릴 때까지 일하거나, 직장 내 스트레스로 자살에 이르는 일은 없으리라 생각합니다.

왜냐하면 자본주의 사회의 구조적 문제를 이해하게 되었기 때문입니다. '자본주의 사회란 놈은 정말 어쩔 수가 없구나! 마르크스가 지적한 대로다!'라며 자본주의 사회를 조감도로 볼 수 있을 것입니다.

어쨌든 자본주의 사회가 만능이 아니라 모순을 안고 있음을 아는 것만으로도 삶을 더 나은 방향으로 이끌 수 있습니다.

직장에서 문제가 생기거나 고뇌에 빠져 방향을 잃었을 때, 이 책을 기억해 주세요. 반드시 당신을 구할 것입니다.

시라이 사토시

⬛주요 참고문헌

『マルクス 資本論』(全9冊) (エンゲルス 編, 向坂逸郎 訳, 岩波文庫)

『武器としての「資本論」』(白井聡 著, 東洋経済新報社)

『1分間資本論』(齋藤孝 監修, SBクリエイティブ)

『池上彰の講義の時間 高校生からわかる「資本論」』(池上彰 著, 集英社文庫)

『あらすじとイラストでわかる資本論』(知的発見！探検隊, 文庫ぎんが堂)

『図解 明日を生きるための資本論』(的場昭弘 監修, 青春出版社)

『図解雑学 マルクス経済学』(松尾匡 著, ナツメ社)

『マルクスる？ 世界一簡単なマルクス経済学の本【改訂版】』(木暮太一 著, マトマ出版)

資本主義とお金のしくみがゼロからわかる! マルクスの資本論 見るだけノート
SHIHONSHUGITO OKANENO SHIKUMIGA ZEROKARA WAKARU!
MARX NO SHIHONRON MIRUDAKE NOTE
by SATOSHI SHIRAI

빠르게 독파하고 확실히 각인하는 비주얼 노트!

마르크스 자본론

초판 1쇄 발행 · 2024년 9월 30일

감　수 · 시라이 사토시
옮긴이 · 서희경
펴낸이 · 곽동현
디자인 · 정계수
펴낸곳 · 소보랩

출판등록 · 1998년 1월 20일 제2002-23호
주소 · 서울특별시 서초구 동광로 41, 3층
전화번호 · (02)587-2966
팩스 · (02)587-2922
메일 · sobolab@naver.com

ISBN 979-11-391-3858-0　14300
ISBN 979-11-391-0292-5　(세트)